坂の上零《アースセイバー》 VS ルシファー

人類の行く末を決める対話

Rei Sakanoue
Versus
Lucifer

坂の上 零
Rei Sakanoue

ヒカルランド

コロナのどさくさに紛れて
怒濤《どとう》の利権むさぼりくい

ものすごく情けないことが
この国でも目に見えて
わかるようになりました

でもこんなこの国でも
見捨てることのできない人物がいます

まだこの国の未来を信じて
できるだけ多くの人を救いに導きたい
そんな熱い想いの方がいます

自分と家族を守ることさえ
危《あや》ういこのタイムラインで
この方は
ある意味、ドン・キホーテです
そして別の側面ではイエスです

その方は、坂の上零です
ルシファーとおつき合いのある方です

ルシファーが自分のお仲間に
したくてしたくてしようがない人物です
ルシファーはこの方に寄ってきます
時によっては何時間も対話して帰ります

だからこの方は
ルシファーの口説き落とすその手法
ルシファーがこの世界をどうしたいか
丸わかりなのです

世界的に著名なアーティスト
経済人、政治家その他
この世の栄耀栄華を極めているように
見える方たちの中で
どれだけの人物がルシファーと
契約を交わしたのか
そんなことまで知っている人物です
なぜならルシファーが
教えてくれるからです

ちょっと契約すれば
巨大な富と名声が手に入るのに
何度誘われても
延々と断り続けている人物です

坂の上零は言います
ルシファーは神の涙
であると
ルシファーにさえ
優しいのです

本物の神とは
宇宙創造の中心点です
ルシファーの手を借りる必要はない

いつでも宇宙創造の原点につながれば
かならず助けてもらえる

ルシファーもルシファーの手助けを
受けている者たちも
宇宙創造の中心点から
その存在が始まっている

坂の上零はそのように見抜いています
だから
ルシファーは神の涙である
そう喝破したのです

右も、左もない。
共に生きる未来を創造し、前に進むだけ。

絶望がある所を、希望に変えていく！
混迷があるところに、解決をもたらす！
破滅がある所に、救済と調和をもたらす！

坂の上零（REI SAKANOUE）

JAZZ PIANIST & SINGER（作詞作曲）
AUTHOR（作家／小説家）
INNOVATOR
新しいマネーと新しい金融システムの発明家
はこぶねコミュニティー組合　創始者
ANGEL BANK 代表

インドの母の家にて（マハラジャの娘になった日本人）

目次

第1部　ルシファーの企み

Part 1　滅びが来るから、自分自身で自分の「はこぶね」をつくっていく！

Part 2

コロナとワクチンとディープステートの目論見

Part 3 この災厄は全て聖書に記されている

Part 4 みずからが「救いの手」になっていくその方法

Part 5

質疑応答／日本はもはやビッグ・アウシュビッツ

第2部 ルシファーを超える

Part 6 君、聖なる人になりなさい！

Part 7

ルシファーのいない5次元へ行く

Part 8

5次元へ行けるか、行けないか、最後の関門《ゲート》

カバーデザイン　重原隆
校正　麦秋アートセンター
本文仮名書体　文麗仮名（キャップス）

第1部

ルシファーの企み

坂の上　零
ルシファーシリーズ　第1回

これから起きること
それは、職業消滅社会です！
この世界でのサバイバル方法を告げます！

時・2020年7月4日（土）
所・ヒカルランドパーク

Part 1

滅びが来るから、自分自身で自分の「はこぶね」をつくっていく！

この職業消滅社会をどう生きるのか⁉

皆様、今日はわざわざお集まりくださいましてありがとうございます。私は、坂の上零と申します。

私を3年か4年ぐらい前に講演で何度か見ていて、私がたくましい体になってしまったものだから、まるで別人になってしまったとちょっとびっくりされた方もいらっしゃったんですけれども、そんなことはおくびにも出さずに、これから3時間、楽しんでいただけたらと思います。

私も人間なんですね。年をとっていきます。女はいつまでもきれいでなくて、こうやって劣化していくんだ、オバチャンになっていくんだということで許していただきたいと思います。とはいえ、頑張って20キロ痩《や》せようと思っていまして、これでも努力はしていこうと思っています。

ところで、今日は、これからAI化がどんどん進み、職業消滅時代にどのようにサバイバルするかということと、今、私たちはどこにいて、これから何が起こっていくのか、私たちが向かっていく先のこの地球、世界、日本に一体何が起きて、これから我々はどういったことに直面していくのか、そして、その中でどのように生き抜いていったらいいのかということについてお伝えしたいと思います。

私は、ここに集まってくれた人たち、そして、このカメラの先にいるたくさんの人たち、これから切実な思いでこの映像配信を見るであろう方々やこの本を読む方々全てに、今日は、まず正しい現状認識と、これから何が起こってくるのかということ、そして明日の講演では、それをどうやって解決して乗り越えていくのかという具体的な方法に関して語っていきたいと思います。

この中で私は、可能な限り事実に基づき、事実のみを語ろうと思います。私個人の考えのときや、事実かどうかわからないけれども私の推測であるというときは、「これは私の考えですが」と言います。

私はいつもそうですが、ジャーナリストであり、作家であるので、宇宙の果ての話はしません。自分で確かめようがないし、わからないことについては一切公言はしません。ですから、私からは宇宙の話やＵＦＯの話はありません。しかしながら、私の話の中で、時々「天」とか、「神」とか、「大宇宙」という言葉が出てきます。これは何のことを言っているのか。冒頭に言っておきますけれども、アインシュタインが、この大宇宙には人智でははかれない何がしかの存在、エネルギー体がいることは間違いないと、そのことを「サムシング・グレート」と言ったのです。何かわからないけれども偉大なものがある。それのことを私は「神」と言っています。

何も、わからないことを神と言ってうやむやにしようとしているわけではない。それを証明してみろと言われたら非常に難しいんですけれども、この大宇宙が勝手に始まって、勝手に膨張して、勝手に今も膨張し続けており、我々人間も含めた、こんな複雑な生命体を数々生んで、地球のような美しい惑星や、いろんな惑星があるんでしょうけれども、こういうものを創造したと言ってもいいと思うのです。これは作品です。こういう作品が実際あることは事実なわけで、これが単なる偶然で、何の計画性もなく起こったわけではないです。

皆さんが今日ここに来るという、たったそれだけのことだって、「ああ、坂の上零の講演があるな。じゃ、行こうかな」と思って、その目的が先にあったから、次に行動があったのです。だから、ここにいるわけです。何だかわからないけれども、知らないうちにたどり着いてしまったということはないと思います。たったこれだけのことでさえ計画性があるわけですから、これだけ複雑な宇宙や、生命体や、この地球が今も存在していること自体が、私は、紛れもなく宇宙に意思があって、神が存在しており、神なるものが大宇宙を創造したと言ってもいい証拠になるのではないかと思っているのです。

ただ、今日はそこは語るつもりはありません。それのことを私は「天」とか「神」と呼んでいて、そのご意思によって、今こうやって「はこぶね」の活動をさせていただいています。ですから、ほかのコンスピラシー系のことをお話しする言論人とはちょっと毛並みが違って、私はいろんなことを暴露して終わりではなくて、解決法を皆様にお届けしないといけないという使命があります。ただ情報だけを与えて終わりというのはダメなのです。

まず、今の時代を正しく認識する。認識したら、次はどうなるか、これから何が起こるのかということを明らかにする。一種の予言みたいなものですけれども。そして、そのステップの後に、では我々はどうするのかということまで落とし込んでいって、私たちはこれからどうしていけばいいのかということを具体的に明かしていきます。ここが、坂の上零とほかの言論人の方々との大きな違いです。

全てはサムシング・グレートの意向なのです！

それゆえに、私は一部の人からものすごくたたかれます。「何を根拠にあなたは解決法を語っているのか」と言う人もいらっしゃいます。確かにそうだろうと思います。しかし、私はこれでも発明家で、ミュージシャンだけれども科学のマインドもある人で、自分でもいろんな発明をしていますので、冒頭に申し上げましたように、科学的な検証のないこと、事実ではないことを事実であるかのように言うことは基本的にできないのです。やろうとしないし、やったこともありません。

ですから、私は宇宙の果ての話とか、どこかの星の話とか、宇宙人の話は一切しません。そうかもしれないし、そうじゃないかもしれないから、ウソかホントか、事実かそうではないかわからないから、私は自分がわからないことは言わないのです。私が言うことは、事実に基づいています。そして、事実かどうかわからないけれども、その情報をもとに自分の考え、持論を述べるときには、「これは私の考えですが」と必ず言います。そういうふうにちゃんと分けて、できるだけ正確に伝えようとしています。

今日は、これから起こることをお話ししますし、どうやってそれを回避していくかということもお話ししたいと思います。君は一体何者なんだ。何でこれから起こることがわかって、解決法も提案できるんだ。一体、何によってそんなことを言っているのかと言われます。

先に言っておきますね。これは、私の意見や私の考えではありません。全て大宇宙の意思、私は「神」と呼んでいますが、サムシング・グレートの意向というか、ご計画というか、お心です。私の小さな脳では、それを全部はわかりませんけれども、私に「やってくれ」と託されたことに関しては一生懸命やっているだけです。

ですから、私もよくわけがわかっているわけではないけれども、天命と思っています。与えられた使命だからやっているということです。あくまでも受け身です。自分がやりたいからやっているわけではありません。私が本当にやりたい人生や生きたい人生を生かしていただけるぜいたくがあったとすれば、私は今のような人生ではなくて、ジャズピアニストとして、音楽家として、また小説家として生きていきたかったなと思っていますけれども、そういう人生ではなくて、こういう社会活動家のような、新しい世をつくるという具体的な活動をさせていただくようになりました。

しかし、これは、何度も言いますけれども、私がしているというよりは、やらされているということです。一言ではっきり言うと、現代のノアです。今の時代は、ノアのころと全く同じです。最初に言ってしまうと、そこまで滅びが来ようとしているのです。そんなときに政権交代がどうたらこうたらとか、次の政権与党にどこがなるとか、そんなことを言っている場合ではありません。もちろん、それはそれで大事ですが、政権交代が起こるまでにおそらく我々は全員病気にされて、死んでしまうでしょう。ですから、もう時間はないし、もたないのです。

冒頭、前置きがちょっと長かったんですけれども、私が語ろうとすることは、極力、事実に基づくということと、ファンタジーは語らない。自分がわからないことは言わない。これから起こることは予言しますが、私が言っているのではなくて、言わされているということです。そして、私がやっていることは、私がやりたいというよりは、天、神がやれということで、現代のはこぶねをつくれと言うからやっているということなのです。これから世の中は大変な状態になっていきますけれども、今、現代のはこぶねを一生懸命つくっていて、そのはこぶねにできるだけ一人でも多く乗ってもらいたいと思っているわけなんです。

では、ここから始めさせていただきたいと思います。どうぞよろしくお願いします。

（拍手）

アフター・コロナの世界では、完璧に二極化していく！

では、現状把握からいきたいと思います。私たちは今どこにいるのか。今、この世界で何が起きており、これから何が起きてくるのか。そして、私たちはどこに向かっていこうとしているのかです。

ここについては、もう知っていると言う方もいるかもしれませんけれども、深くは知らないと思いますので、今日は、断片的な知識ではなくて、点と点をつなげて面にして、それを立体的にして帰ってもらいたいと思っています。

まずは、コロナウイルスがばらまかれた。あれは人工的なものでした。アメリカで5年ぐらい前に特許を取られたものですけれども、意図的にばらまかれて、それによって多大なる被害が出ました。しかし、コロナウイルスによる被害ももちろんあったのですけれども、それよりは、コロナウイルスを過剰に怖いんだと放送したメディアや、コロナウイルスによって経済的な自粛をさせた各国政府の起こした行動が、コロナウイルスよりも怖かったのではないかと思いまして、これは人災だったと思います。

アフター・コロナの世界についてお話ししたいと思います。もちろん、ここにいらっしゃる方はそれはわかっていらっしゃると思いますけれども、アフター・コロナの世界は、完璧に二極化していくと思われます。

今までは、それなりに普通の社会的な生活が営まれてきましたが、これからは滅ぶほうに行くのか、それとも、そこから自分の意思で一歩出て、新しい世界をつくっていこうとするのか。冒頭に結論を申し上げますと、この二つに一つの道を、一人一人、全員が選ばないといけなくなるということです。今までは無知な人でも生きてこられました。無知と言ったら失礼ですが、アフター・コロナの世界では、無知であれば殺されていくだけです。ですから、本当に正しいことを知らなければいけないし、正しいことを知って終わりではない。では、どうすればいいのか。皆さん、そう思って来ていらっしゃると思うのですが、これをちゃんと知って、実践していかなければいけません。そして、自分自身で自分のはこぶねをつくっていかなければいけないということです。

アフター・コロナの世界、世界の現状と日本の現状についてお話しさせていただきたいと思います。

去年の段階で、コロナのような人工ウイルスがばらまかれて、人災が起こり、世界規模で経済的な危機を意図的に各国政府が起こしていくということがわかっていた人、手を挙げてください。――誰もいませんね。情報がこれだけあふれていても、本当に正しい情報はどこにもないわけです。これからは、まさか！　そんな！　ということが、毎年どんどん起こってくるようになると思います。

なぜそうなっているのかというと、いわゆる悪魔崇拝といいますか、ニューワールドオーダーといって、世界を統一してワンワールドにしようという動きがあります。特にアメリカのディープステートは、そういったことをアメリカの政策として実行していく部隊です。このディープステートは、どこに誰がいるかわからない状態です。あれだけアメリカ政府の中に公務員がいるので、誰がディープステートなのかがわからない。大統領でもわからないような状態です。

表向きの地位が低いからといって、その人が実際に地位が低いとは限らないのです。なぜならば、特にアメリカは、見える表の世界と全く違う世界がありまして、もう一つの裏社会のほうに入っていなければ、本当の情報やいろんな活動ができないようになっています。ディープステートと言われる方々は、全員そこに属しています。ですから、表の社会では大した地位でなくても、裏社会に行くと結構な実力があったり、権限がある人もおられるようです。いずれにしても実行部隊です。

では、この部隊は何を実行していくのか。今に始まったことではなくて、我が国は明治維新のころから、この方々に翻弄されてきたわけです。開国を迫られ、近代化を迫られ、英国と日英同盟を結ばされ、最後は日本が真珠湾攻撃をするような形で太平洋戦争を始めるようにさせられた。こういうプランを実行するのがディープステートですけれども、その一連のプランを描いてきたのは、実はアメリカのウォールストリートの銀行家たちではなくて、全てロンドンにいるのです。だから、司令部はいつもロンドンのシティにありました。そこは、ロスチャイルド一派の庭みたいなものです。ロスチャイルドの邸宅の真ん前にイングランド銀行があります。目と鼻の先なんですね。

マイアー・アムシェル・ロスチャイルドという創始者は、ドイツのゲットーで生まれた貧乏人でしたが、ロスチャイルド財閥という巨大な帝国をつくりました。5人の息子たちがいて、息子たちを各国に散らばして、戦争と平和を上手に操りながら、今の巨大な金融システム、巨大な資本、中央銀行制度に基づき、政府がおカネを刷るのでなくて彼らがおカネを刷って、間接的に各国の金融政策を操っていくという状態をつくってきたわけです。これが全てシティから行われていました。

私も記憶にちょっとあるのですけれども、小泉純一郎さんが郵政民営化をされました。あのときに、彼の考えであるかのような感じで、小泉劇場で解散・総選挙をして、また圧勝して、郵政省、郵便局がなくなっていくわけです。でも、あれはひとえに日本の郵便貯金の巨大なおカネを彼らがネコババしたかったというだけのことであります。なかなかうまくいかなかったのでゆうちょ銀行にさせて、今度は株をガバッと持っていく、資産を持っていくという暴挙に出たわけです。

しかしながら、これが行われるときも、小泉さんが役者を演じて郵政民営化をするずっとずっと前、もう十何年も前に既にシティで郵政民営化を日本にさせることが決まっていた。ただ、その段階では小泉純一郎さんが役者として選ばれていたわけではなくて、もう筋書きは決まっていた。あとは、彼らの言葉では「ホース」と言うのですが、どういうホース（役者）をゲットするかだけです。そんな役者は常にいます。選挙に出て政治家になりたい人は山ほどいる。彼らはおカネがないから、おカネでつられます。だから、資本家からすれば政治家はショッピングする対象でしかないのであって、政治家はショッピングされる商品なのです。このホースがダメだなと思ったら、違うホースにするだけのことです。

今回の都知事選も同じようなものかなと思って、私は冷ややかな目で見ています。なぜならば、政治で変わらないことを知っているからです。しかも、ＴＰＰの後ですから、日本は既に独立国ではないので、そんなところで何を言っても焼け石に水なのです。ＴＰＰの前だったら、まだ何とか政治で日本を変える可能性はありましたが、今はＴＰＰの法案や国際協定に抵触するようなことは、たとえ最高裁の判決であっても、国会で決定された新しい法案であっても、全部却下です。選挙にあまり意味がないというのは、日本の国会自体が市役所の窓口レベルでしかないからです。そんなところにあれだけ予算をかける必要もないくらいなのです。選挙もただのガス抜きで、別にやる必要もないくらいで、やったって何も変わらないわけです。大したことがないところだけ変えますけれども、ＴＰＰを脱退するとか、そういった本流のことに関しては絶対にできないようになっておりますので、あまり意味がないのかなと思います。

世界はまるごとディープステートのもの⁉

話を戻しますと、我が国の江戸時代末期の開国のころからずっと今まで、ロンドンで決められたことが実際になされてきました。それを実際の政策に落として、やっていくのがディープステート、つまり、深部にある本当の心臓部で、そこが本当の政府だということです。

そこに属する方々は、フリーメイソンリーだったり、そういったところに属しているメンバーだけです。そうでない人は入れません。彼らには彼ら独特のルールがあって、表の世界での上司が誰であれ、彼らはその方々を上司と思っているわけではなくて、本当に従うのは裏の世界で下される指令です。これをやるために、彼らはアメリカ政府の内部にいるわけです。

アメリカ大統領は、任期がたったの4年です。しかし、私の小説『天使になった大統領』でも書いているように、ディープステートは期限がないのです。だから、大統領選なんか彼らからすれば鼻くそみたいなもので、なめ切っているわけです。

例えばＦＲＢのヘッド、頭取の任期はかなり長いですよ。12年、14年とか、また更新していくわけです。結局のところ、本当に政策をつくって、本当にやっているのは大統領より彼らですから、彼らのほうがよく知っているわけです。なので、誰が来ても、そう簡単には変わらなくなっている。

表の世界では、どこにディープステートの誰がいるかわからないようになっているので、例えば財務省の○○君が実はそうだったとか、そういうのは、新しく就任した大統領にはわからないです。だから、やりようがないです。どこに敵がいるかわからない。しかし、敵はアメリカの外にいるのではなく、紛れもなくアメリカの中にいて、アメリカ政府の中に、誰が敵だかわからないような黒子みたいなのがいっぱいいるのです。味方のふりをして近づいてくる人の中に敵がいっぱいいるということで、そこから情報がダダ漏れになったりいろいろするわけです。全ての指令はロンドンから下ってきたわけですけれども、今現在もそうです。このコロナウイルスももちろんです。

このコロナウイルスは中国がやったと思っている人――（会場の挙手なし）――よかった。でも、中国も中国で、自分たちで開発していて、彼らもわかっています。

今の兵器は、核兵器や何やらではなくて、生物兵器とか、気象兵器であるとか、そういったものです。豪雨を起こしたり、地震を起こしたり、人工的に津波を起こしたり、こういったことをする兵器に変わってきています。

ＧＨＱは日本人の霊性の高さは「食」にあると見抜いた！

最新の兵器は、ウイルス、細菌、何とワクチンと、我々の食です。これは全部関係します。途中で相関図を描いてみたいと思いますけれども、今まで日本の農業政策と医療政策は全然別個のように見えて、実はそういった形で連動して行われてきました。それは大量の農薬で我々を徐々に弱体化していき、体だけでなく、日本人の霊性というか霊格をめちゃくちゃにする。一番大事なところです。

私もこれは知らなかったのです。初めは教育とか、歴史をちゃんと学ぶこととか、日本史をちゃんと学ぶこと、古代史を学ぶこと、縄文時代に何があったかを学ぶことかなとずっと思ってきたのです。だから、私は保守の時代もあって、政治的にエイエイヤーッみたいなことをやっていたこともあるのですけれども、考え方がちょっと変わったのは、それをどれだけやっても変わらないということです。

アメリカ軍は、日本国民が、軍人でなくても一般の人でも、何でこんなに崇高で、勤勉で、人間的にもすばらしくて、こんなにすぐれた民族なんだろうと思ったわけです。こいつらをコテンパンにするのはなかなか難しいぞ。なぜならば、知能がすぐれているだけでなくて、礼節を知り、清潔で、約束を守り、ウソをつかず、大義名分のためには自分の私的なものも改めて、自分を犠牲にしても公のために尽くすという精神が、武士だけでなく一般の人たちにまであるのは、世界がどんなに広くても、どんなにたくさんの民族がいても、おそらく日本民族だけなんじゃないか。どうやってこの国の人間を骨抜きにするかと考えた。

日本人だけが何でこんなにすぐれているのか。日本民族の優秀性やすばらしさの原因をGHQが一生懸命研究したことがあります。これはアメリカの公文書にデータとして残っています。そこには武士道の「ぶ」の字も出てきません。剣道とか、生まれてからの教育によってということではないみたいです。では、何だったのかというと、日本人が優秀だった一番の所以《ゆえん》は、日本の食べ物にあったということです。

私はその文書を読んだときに、目からうろこだったんです。それまで食べ物が人間の精神の高さや霊性、霊格まで左右するとは思わなかった。もちろん、ちゃんとしたものを食べなければ病気になるよぐらいはわかっていましたけれども、特攻隊のような気高い人たちを生んだのは、武士道や後天的に教えられる教育よりも、食べ物だったということがわかって、えっ？　と思った。そこには目が行かなかったものだから、なるほどと思いました。

では、日本人は何を食べていたんでしょう。戦前の日本には、農薬というものがなかったのです。戦前までの日本は、ずっと自然栽培しかなかった。在来種しかなかった。品種改良なんかしていなかった。そして、合成化学物質たっぷりの料理を食べていなかった。「〇〇だし」も「〇の素」もなかった。そんなにめちゃめちゃ肉ばかり食べていたわけでもなかった。

みんなが食べていたものは、とても質素なものだったのです。でも、今思えば、それが宝物だった。一番高価なものです。普通のおみそ汁と、ご飯と、煮魚や焼き魚、自分の家の畑でとれたお野菜、自分の家で飼っている鶏の卵、そういうものでした。何だ、今と変わらないじゃないかと言うかもしれないけれども、農薬が全くまかれていなかった土地で育った食材は栄養の宝庫です。土の微生物が完璧な状態であるのです。それが生命エネルギーなのです。

その生命エネルギーを人体に取り入れることによって、腸内細菌とか、腸内フローラの状況と大地の微生物の状況が実は似通っている、同じであることがわかりました。ですから、大地に農薬をまいたり、食品に化学調味料を加えたりすればするほど、自分たちの腸内も侵されていく。腸内細菌も減っていきます。そうすると、免疫がどんどん下がってきて、結局、病気になってしまったり、病気になったときに自分で治癒する力が薄れていったりしてしまう。それだけではありません。知能も落ちていく。考える力や精神性にまで食が影響していたことがわかりました。

食というのは、結局、大地です。だから、私は、水耕栽培に……なんです。大地の恵みと、太陽の恵みと、水の恵みを取り入れて、それを私たちがいただくということです。

日本では、昭和の最初のころまでは、そういうことをずっと当たり前にやっていたのです。ところが、長男だけ残して、あとはみんな大阪、東京に出て、工業化が始まりました。これを否定しているわけじゃないですよ。そういう時期が必要だったからよかったのですが、集団就職で大量の人が都会に来ました。『ALWAYS 三丁目の夕日』のころです。あのころの日本には希望があったと思います。頑張ればみんな仕事はあったし、自分たちが生きていく未来に希望が見えたし、経済は発展したし、頑張ればお金持ちになれたんだから。今は違う。頑張ってもなかなかお金持ちになれないです。

いずれにしても、あの時代に工業化がどんどん進み、それと同時に、大規模農業が推進されます。これは仕方がなかったのです。別に日本人を殺そうと思ってやっただけではなくて、時代の流れだったと思います。農業の効率化が図られ、トラクターやら農薬、いろんな化学肥料が導入され、品種改良が行われ、気がついたときには、品種改良されていないものがないじゃないかというぐらいに、在来種がほとんどない状態になりました。

スーパーや飲食店に出てくる食べ物は、農薬が使われていないものや化学物質が入っていないものがほとんどないという状況で、それが年々ひどくなっていった。といいますのは、土に栄養がなくなってしまっているものですから、どんどん化学物質を入れなければ大きくならないのです。今は化学物質を食べているようなものなんです。だから、ちょっと放っておくと、野菜は黒くなって腐っていきます。しかし、本当に自然栽培の野菜だったら、黒い液体が出てきて腐ることはありません。しぼんで枯れてはいきますが、腐らないのです。

日本人を日本人たらしめていた一番の原因は、日本の食だった。そして、日本の食がすばらしかった理由は、日本が山の国だからです。山に住んでいたから「やまと」民族なのです。だから、日本人は危なくなると山に行きたくなる。やっぱり我々は「やまと」民族なんです。山に育ててもらって、山とともに生きてきたんです。

今、大災害が来ようとしています。私も「やまと」だから、山にはこぶねをつくりに行こうかなと思っているんです。冗談ではないですよ。本当にやっているのです。

この日本の食というものが、残念ながら、今、兵器にされてしまっている。何と食、水、種が兵器というところまで来ています。だから、地震兵器はちょっと古いんです。今の最新兵器はもっと直接的に我々が毎日食べるもの、毎日要るもの、食、水です。それがないと生きていけません。今、そういうものを奪われようとしています。

そしてさらなる最新兵器はウイルス、細菌です。中国も負けじと細菌やウイルスの研究と称して、細菌兵器や人工ウイルスをつくっています。どこかの国が核を持ったら、自分も持たなければいけないと思うのと同じで、ディープステートたちが人工ウイルスを一生懸命開発しているんだから、こっちもしないと守れないじゃないかということで、人工ウイルスばらまき合戦みたいになっているのです。これが一般人にはとても迷惑なのです。なぜならば、風に乗ってやってくる。研究所の試験管の中だけで終わってくれていたらいいですけれども、絶対にそういうことはありません。

中国なんて、研究所の中でとんでもない研究をやっているのです。遺伝子組み換えの研究は各国でやっていますが、まだ欧米のほうはキリスト教が根底にあるから、人道的に、人間とそれ以外の生物の混合の遺伝子組み換えのものはつくっていないのです。しかし、中国では、人間の遺伝子と豚の遺伝子とか、とんでもないものを組み合わせて、わけのわからないものが既にできているわけです。絶対に研究所から出していただきたくないですけれども、それが出てきたらどうするのという話です。

ものすごく劣化しています。我々のようにちゃんとした普通の知性がない。感情がない。2年ぐらい前だったか、中国では、初めて遺伝子組み換え、ゲノム編集の人間が誕生しました。本当に気持ち悪いんです。

琵琶湖に、北米に生息する変な魚をちょっと逃がしただけで、大変なことになっています。そこに本来生息していた生命体や魚たちが食い荒らされて、生きていけなくなって、外来種が異常に繁殖しています。

こういったことはしてはいけない。何でそこにその木が生えているか、何でそこにその生物がいるのかというのは全部意味があって、自然のサイクルに必要でないものは何もありません。そこに必要だから、その鳥も、その昆虫も、その魚も、その花も木もいるわけです。

それなのに、これ、邪魔だからと取ってしまうと、そのサイクルが崩れてしまう。そうすると、イノシシが大繁殖して獣害が起こるようなことになってしまう。あれだって、ニホンオオカミが絶滅したから、そうなったのです。

自然は絶妙なバランスになっている。それを我々は破壊してしまっているわけです。そのしっぺ返しがこれから人類にドーンと返ってくることになると思います。それも全世界的に、自然災害とか食料危機という形で目前に迫ってきていると私は感じます。これは私の意見です。

Part 2
コロナとワクチンとディープステートの目論見

コロナウイルスでワクチンを強制する

ディープステートたちは、一体このコロナで何をしたかったのかというと、まず第一に、政府が非常事態宣言を発動することを可能にする。これで預金封鎖ができるようになります。そして、市民の外出を禁止することができます。仕事に行ったり、会いたい人に会ったり、そういう当たり前の権利を制限することができるようになります。

もう一つ、ワクチンを強制することができるようになります。各国政府は、これをやる権利をとってしまいました。日本もつくってしまいました。私は、そのためにコロナをばらまいたのかなと思っています。

コロナウイルスは、さっきも言いましたけれども、研究所でつくられた人工ウイルスです。これを何のためにばらまいたのか。結論から言えば、これは私の意見ではなくて、事実として言っていいと思いますけれども、もちろんワクチンを義務化するためです。それも日本国だけでなく、全世界、全ての人々に、感染防止という目的のもとにワクチンを強制してきます。

日本では、残念なことに、今年末から来年にかけてこの議論になってきて、ワクチンの強制、義務化の法案化が進むでしょう。しかし、皆さん、これだけは闘わないといけない。だから、私はこれに対して立ち上がってくれる政治家だったら票を入れたいなと思うけれども、今回の都知事選でも――都知事ではしようがないのですが、国会議員でも何でも、ワクチンが何だかいいことであるかのように言っているのです。

山本太郎さんもそうです。がっかりしました。ワクチンを推奨しているということは、ディープステートのことを知らないということです。もしくはディープステートの息がかかっているということです。

私たちは、一くくりでアメリカという言い方をしますけれども、日本政府から見たら、どこのことをアメリカと言っているのか。トランプさんなのか。それともディープステートなのか。それともアメリカ国民なのか。それともアメリカのＦＲＢなのか。同じアメリカでも、それぞれ全然違う。ＣＩＡもいますし、アメリカ軍もいます。それぞれの立場があって、意見が全然分かれております。

トランプVSディープステート

特にトランプさんになってから、それが著しいわけです。今まではずっとディープステートが牽引してきたのですけれども、トランプさんになってからは、それがガタンとなってしまった。

トランプさんは極力各省庁の内部のスタッフを使わないそうです。自分たちのスタッフを使う。どうせウソしか書かないのだからということで、アメリカのメディアの方々にもあまり言わなくて、自分でツイッターに書いている。何じゃ、それ、という感じですが、とにかくマスコミを信用していない。それはなぜかというと、ディープステートを信用していないのです。ディープステートがどこにいるかわからない。自分の敵は日本でも中東のどこかの国でもなくて、アメリカ政府の中にいるのです。

アメリカ政府内にいる敵は、アメリカのために政策をしているのでしょうか。していないのです。ロンドンのシティのイングランド銀行の後ろの邸宅にいる方々のためにやっている。これはドイツも、フランスも、イギリスも、イタリアもそうです。

インドも彼らの手中に落ちてしまった

最近、なぜかインドまでそうなってきて、とても悲しい。インドはそうではなかったのに、ＢＪＰ（インド人民党）になってから、たぶん選挙でアメリカのカネをもらっているのでしょう。なぜかインドではコロナ禍にあたり自粛をしました。今もしているのでしょう。しかし、あれでインド経済はガタンと落ちました。今まで毎年、経済成長率はずっと７％で来ていて、このままいけば世界最大の国になるはずだったのに、根こそぎやられました。

でも、そういったことをモディさんはわざわざやったのです。誰のためにやったのでしょう。自国民を守るためでしょうか。違います。インド経済を失速させてまで何をしたかったのでしょうか。インド政府も、日本政府やイギリス政府、ドイツ政府、アメリカ政府と同じように、ロスチャイルド一味の支配下になっているということではないでしょうか。

今回、自粛をそんなにしなかった国が、まだその影響下にないということがはっきりわかったわけです。しかし、しなかった国は、中南米とかアフリカとか、大体がすごく貧しい国なんです。それはそれで大変ではありますけれども。

ドイツはワクチン義務化を無効にした

日本はこれからワクチンが義務化されてくるでしょう。ドイツでは、はやばやと今年（2020年）6月の段階でその法案が出ました。しかし、ドイツ国民は4～5万人という規模で立ち上がって、各都市でデモをやったり、すごい勢いで反発して、この法案を無効にしたのです。メルケルさんも、もう無理だということで諦めた。ドイツ人ってすごくないですか。我々も立ち上がって、同じようにすればいいだけなんですよ。でも、それが日本人にできるでしょうか。

なぜワクチンに対して立ち上がったのかというと、ドイツ人は、本当の敵が誰か知っていたからです。ワクチン賛成派の人は、山本太郎さんも含めて、みんな本当の敵が誰か知らないのです。こういう人が政治家とか官僚をやったら困ります。本当の敵は、与野党とかそういうレベルではない。国外にいるのです。国際金融マフィアの方々や、その配下にある製薬会社、薬品会社、各国政府です。敵は強大です。私たちはその事実を知る必要があるし、その事実を知る人はワクチンを避けます。

だけど、残念ながら、日本では、ワクチンに対して否定的なことを言うとテレビに出られません。だから、私は出られないし、もちろん、船瀬俊介さんも出られません。内海聡さんも出られません。なぜなら、本当のことを言ってもらったら困りますから。私は言いますから大変なことになってしまう。生放送で語らせろと言うのですけれども、そういうことは一切させないです。

日本では、テレビに出してもらえる人は、ほとんどと言っていいほどワクチン賛成派なんですね。IPS細胞の山中教授もそうなんですよ。私はすごく尊敬していたんですけれども、びっくりしてしまいました。幾らつかまされたのか知らないけれども、研究費が欲しいからといって、それはないなと思うんです。これからの時代、ニセモノとホンモノを見分けなきゃいけない。

正体を隠さなくなったディープステート

ディープステートは、「ディープ《奥の院》」と言っているわけですから、今まで隠してきたわけです。黒子のようだったのですけれども、最近は堂々とやるようになりました。コロナウイルスみたいな犯罪が堂々とやられているわけです。ディープステートたちが表に出てきた。

つまり、悪魔崇拝者の方々が、自分たちを隠さなくなったということです。悪魔崇拝のいわゆるエリートと言われる一部の特権階級の方々が、はっきり言って、この世界中を支配しているに等しいわけです。よく1％対99％と言いますが、1％もいません。0・000 1％ぐらいかな。我々は99・9999％ぐらい。大多数がそうではないわけです。

彼らがやろうとしていることは、全て聖書の預言に基づいています。つまり、彼らは聖書の預言に基づいて悪しき行いをしています。ですから、聖書が理解できないと、世界の裏の歴史や真相、国際金融はわからないのです。聖書の預言に書かれていないことは、彼らはやらないのです。だから、彼らが次にやってくることは、後で聖書をちょっと読みますけれども、聖書に書かれています。

坂の上零が言っているとか、誰が言っているのでなく、聖書に書かれています。彼らも聖書の預言どおり動いているのですが、私たちの人体にマイクロチップなるものを入れたいということが、コロナウイルス予防とか対策という口実でワクチンを義務化したい一番の理由です。

ワクチンの中に、米粒ほどもない、ボールペンの先でツンと突いたぐらいの小さいチップを入れる。バニラビーンズみたいで、ペロッと食べてしまうかもしれない。それを注射針で入れてきます。注射針を刺さなくも打てるように、シールみたいなものを貼って、そこから血管に入れることもできます。「よう、元気?」とか言ってシールを貼ったら、そこからワクチンがピューッと吸い込まれて、チップも入ってしまうというものができています。

もっとすごいのは、遺伝子組み換えの蚊をつくっています。ウソじゃないですよ。本当なのです。蚊によってワクチンを注射させる。やることが徹底していて、何が何でも私たちの体の中にマイクロチップを埋め込みたいということです。そのためにコロナウイルスばらまいた。

そして、これからコロナウイルスを理由にワクチンの義務化を法案化してくる。これを可能とするために、各国のメディアは共闘して「コロナ、怖い。怖い」という過剰な偏向報道をして、世界中の人々をだましたわけです。だまされなかった人もいるにはいますけれども、ほとんどの人がだまされました。

これによって、経済が損失をこうむりました。たくさんの企業の売り上げがガタンと落ちたり、倒産したりしています。中小企業の倒産は約2万件に達していると言われています。これからもっと多くなるのではないでしょうか。

5月、6月で自殺者がかなり出ています。はっきり言って、コロナで死んだ人よりも、コロナによって経済自粛させられて首をくくった人の数のほうが多いわけです。

日本ではコロナの死亡者が少なかったと言われていますけれども、本当に死んだのはたった19人なんですよ。19人だからいいというわけではないけれども、たった19人しかいなかった。なのに、ご存じのとおり、コロナで死亡したことにしたわけです。何でここまで手の込んだ演出、詐欺をして、過剰な恐怖をあおるのか。マスコミと政府が連動して、山中伸弥教授のような人や、YOSH●●●や、GAC●●や、本田健といった人たちは恥を知りなさいと思うんですけれども、自分たちの知名度や影響力を使って多くの人たちをだましました。その結果、多くの方々は亡くなったり、貧しくなったりしたわけです。

私は、これはウソですよとずっと言っていました。コロナは恐れるに足らず。ちゃんとしたはこぶね規格B1以上のものを食べて、自己免疫を上げていれば大丈夫だと言ってきたんですけれども、私の意見なんか誰も聞かないということがよくわかりました。

自分の無力さを、コロナで痛感しました。結局、私が何を言っても、一部の人が何を言っても、そんなに知名度もなかったし、また、本当のことを言うからテレビでは言わせていただけない。本当のことを言う人の声が小さすぎて、なかなか浸透しないのかわかりませんけれども、本当のことを言えば言うほど詐欺師扱いされたり、ウソつき扱いされたり、あるいは仕事を干されていったりするわけです。

こういったことが、これからもっと顕著になっていきます。

例えば、今はだいぶ薄れてきたかもしれませんけれども、ちょっと前までは、99％以上マスクをしていました。マスクをしていないと会社に来るなみたいな雰囲気でした。私一人していなかったんですけれども、やっぱりすごく嫌がられました。ちゃんと説明してもわかっていただけない。

だから、社会全体がそうなってしまったら、たとえ正論を言ったって誰も聞いてくれない。戦前の日本で、戦争反対を幾ら叫んだって非国民扱いされてしまったのと同じですよ。これはいつか来た道じゃないですか。つまり、日本はコロナのおかげで戦前に回帰してしまった。みんな本当はコロナにだまされた被害者であるはずなのに、被害者同士が疑心暗鬼になり、お互いに監視し合う社会になってしまった。そして、正論を言う人は変人扱いされて、排斥されていく。ウソ八百でも、著名だ、あるいは大学教授だ、ノーベル賞を取ったということで、そっちのほうを信じていってしまう。

ワクチンは殺人兵器に変貌したのです

これから、こういったことがワクチンで起こります。まだマスクだったからよかった。今度、ワクチンになったら取り返しがつきません。

そのワクチンの中には、おそらくマイクロチップが入っています。毒もたくさん入っています。絶対に打ってはいけません。

しかしながら、国が義務化してきたらどうでしょう。どこに逃げるのでしょうか。義務化してきたときに拒否したら、例えばいろんな不利益があると思います。まさか牢屋に入れるというのはまだないかもしれないけれども、これからまたディープステートの連中は、次の人工ウイルスをばらまいてきます。それも、みんながワクチンを義務化しなきゃいけないよねと思うように、今年末か来年の初頭ぐらいにやってくると思います。

これは私の意見ですが、たぶんそうなると思います。そのときに多くの人はまた、キャーッということになっちゃって、みずから好んでワクチンを打つようになる。

だから、私の本や講演のビデオをぜひいろんな人に見てもらって、ワクチンは打ってはいけないとお伝えしたい。それは私たちが子どものころに打ったワクチンとは違って、殺人兵器なのです。意図的に我々を徐々にゾンビにするために、マイクロチップが入っています。

ワクチンに入れたマイクロチップで人間はAI管理される

なぜワクチンを打ってはいけないのか、なぜマイクロチップを人体に入れてはいけないのか、入れたらどうなるのかということをお話しします。

マイクロチップを入れたら、その人は人間ではなくなります。その人の子孫は3代で絶えます。その人の子どもは、たぶん正常に生まれてきません。その方の生体情報は全部AIで管理されるようになります。チップを通じて情報が全部AIに飛ぶようになっているのです。

そのマイクロチップに、例えばマイナンバーとか、マイナンバーと連動させた皆様の銀行預金の口座番号とか、クレジットカードやデビットカードの番号とか、いろんなパスワードなどが連動して、皆さんが資産をどこにどれだけ持っているか、何を買ったかが全部わかってしまう。生体情報ですから、例えばその人の個別の病歴といったこともわかる。

そのデータを売って、商売をするやつも出てきます。ビル・ゲイツは、何とワクチンを打った証明書ということでワクチン・デジタル証明書なるものを提案しています。つまり、ワクチンを打ったか、打っていないかということがデジタルでわかるわけです。どうやってわかるのでしょうか。皆さんの体にマイクロチップが入っているからです。

これは私の推測です。間違っているかもしれませんが、ワクチンを打っていないと、そしてマイクロチップが入っていないと、留学させないとか、学校に行かせないとか、特定の企業に就職できないとか、国家公務員になれないとか、いろんな不利益が出てくると思います。

もしかしたらビザがおりないのでアメリカに行けなくなるかもしれない。私も、どうしようかなと思っています。イギリスに結構行かなければいけないのに、イギリスに入国できないとか、そういうことになってしまうかもしれない。そういうことがあっても、ワクチンを打ってはダメです。頑として拒否しなきゃいけない。

私は今、悩んでいることがあります。インドにいるのか、日本にいるのかです。インドはそういうことになってもらいたくないから、私はインドでも一生懸命活動して闘わないといけない。インド人に向かって同じことを話さなきゃいけないのですけれども、インドがもしワクチンを義務化する法案をつくってしまったら、私は打っていないから入国できなくなる可能性があるわけです。

そうすると、私はインドの家族に会えなくなる。インドにビジネスもあるし、ジャパンエキスポもやっているし、日本企業とインド政府や企業とのトップルートのビジネスマッチングのコンサルタント業など、いろいろやっている。今まで各国の行き来が自由だったにもかかわらず、そういったことまで制限されてしまったり、あるいは、自分のおカネを送ろうと思っても、こういう人はダメとか、いろんなことになるでしょう。

そして、これからまた人工ウイルスをばらまかれます。

彼らは、我々がワクチンを打つまでやってくると思います。これから、本当に持久力勝負になります。えせスピリチュアルの方々は「コロナとは神の気づきなんですよ。これからすばらしい時代が来るから、みんなで心をピュアに、美しいことだけを考えていましょう」と言っています。確かにそれはすばらしいことで、そうしたいんですけれども、それだけやっていたらいいという問題ではありません。

マイクロチップを体に入れた者から淘汰されます

結局、大きな流れでは、新しい世をつくっていく、新しい世界をつくっていくことが一つの救済方法になっていくと思いますが、そこに行くまでにかなり大変な道のりがあります。一言で言えば、大淘汰です。初めに断言しておきますが、マイクロチップを人体に入れた人から淘汰されます。病気にされて、ゾンビにされて、淘汰される。だから、絶対にダメなんです。そのようなものでウイルスは予防できません。ウイルスを予防できるワクチンなんかありません。

ウイルスを本当に予防するためには、自己免疫を上げなければいけない。さっき言った、戦前の日本人が食べていたような食料を食べればいいのです。

しかし、そういうことは絶対に言いません。だって、農薬が売れなくなってしまうから。農薬たっぷりのものを食べてくれないと病気になってくれない。病気にならなかったら医者も儲《もう》からないし、抗がん剤も売れません。全部サイクルになっているビジネスなんです。

だから、逆に言えば、はこぶね組合がやっているような無農薬・無化学肥料の自然栽培を推進すればするほど、大地が自然に戻って、その地域が無病化していって、抗がん剤のお世話になる必要もなく、人生を全うできる人たちがふえてくるのかなと思うのですが、そこまで行くにはまだまだ随分かかります。

なぜなら、日本の農地の中でオーガニックなのはたったの0・4%しかないからです。そして、日本の全ての農家さんの中で、はこぶね規格でB1以上の、本当に医食同源レベルのちゃんとしたものをつくる農家さんは1%もいなくて、0・3%とか0・5%とか、風前のともしびみたいな数しかいないのです。

この方々が、今、日本の種を一生懸命守ってくれていますが、この方々もいつまでそれがやれるかわかりません。なぜならＴＰＰで、アメリカ、欧州、いろんなところから安いものがどんどん入ってきています。

コメに至っては、日本では1俵（60キロ）大体1万２０００円～1万３８００円の間で取引されていた。それだって農家さんからすれば全然利益にならないのです。にもかかわらず、アメリカのコメは何と５８００円ですよ。企業努力で何とかなるレベルではないです。皆さんも日本のコメが食べたいと思うでしょう。しかし、コロナや何やかやで貧しい人がふえれば、やっぱり安いコメ、安い肉、安い食のほうをどんどん選んでしまう。そうすると、体がどんどん悪くなっていって、ほかの病気にかかったり、ウイルスに感染しやすくなります。

だから、こういったときこそ若干高くてもちゃんとしたものを食べなければいけないのです。私は、そういったことをメディアに放送してもらいたいし、テレビで語らせてもらいたい。ワクチンよりも、ちゃんとしたものを食べましょう、無農薬の農業をやりましょうと言いたいんだけれども、そんなことを言うと、サヨナラとなっちゃうわけです。あの人は変人だから、ウソつきだからというレッテルを貼られて、まともに聞いてもらえません。

これから一時期、本当に大変な時代が来ると思います。でも、皆さんと一緒に耐え忍んでいきたいと思います。それもあって、これからの時代は幾らおカネがあるからといって、1世帯だけで生き延びていける時代ではなくなりました。

例えばワクチンを打ちたくないんだ、チップを体内に入れられたくないんだという方々が全国で組合組織になって、一気にガッとお互いを守り合う仕組みが必要です。それのことをはこぶねと言っていて、はこぶね組合と名づけているわけです。

その中には衣服をつくったり、魚をとったり、おコメをつくったり、野菜を生産したり、卵を生産したりする方々がいて、組合員同士でNAUポイントを使って物々交換をしていく。そうすることによって、できるだけ円を使わなくても、ドルを使わなくても、暗号通貨を使わなくても、必要な物資が手に入るようにしないといけない。

特にこれから深刻な食料難が来るでしょうから、食料の確保が大事です。食料難といっても、選ばなければ、食べたら毒ですけれども、安いものでいいのであれば、あるのです。そういうものしか食べていなかったら、ウイルスをばらまかれたらそれこそ真っ先にかかります。なぜなら免疫がきちんと作動していないからです。高い免疫力を持つためには、ちゃんとしたものを食べなければいけない。逆に言えば、ちゃんとしたものさえ食べていれば、コロナなんかにかからないということなんです。

ワクチンを打つとどうなるかというと、さっきも言ったように、免疫が下がります。大量の抗生物質も入っていますから、我々は抗生物質をとりすぎて、だんだん効かなくなっていくわけです。感染症で本当に必要なときに、効いてくれなくなっていきます。薬は、絶対に必要なとき以外は飲まないほうがいいです。なぜならば、薬以上のものが食材でほとんど賄えるからです。

こういったノウハウとか、知恵とか、そういうものを、私はできるだけ多く教えていきたいと思っているんです。そういうものをお母さんたちが子どもたちやご家族に料理してあげてほしい。そして、できれば塩からみりん、しょうゆに至るまで天然のものを使って、化学物質を全く使わないお料理をしてもらいたいと思います。おみそ汁も「〇〇だし」を入れるのではなくて、面倒くさくても、ちゃんとしたかつお節や昆布でだしをとってもらいたいと思っています。

マイクロチップで人間が恐ろしく劣化していく、ゾンビ化する

ちょっと話がずれましたけれども、コロナでワクチンが義務化されたときに起こることは、私たちが人間でなくなることと、チップを入れられてＡＩに管理される人間になってしまうこと。そして、その子孫が3代で絶える。精神も肉体もまともな子どもが生まれな

くなる。

ですから、チップを入れた人の子孫と拒否した人の子孫は、おそらく分かれて住まないといけなくなる。映画『バイオハザード』みたいになってしまうのです。まだ1世だったら区別はつかないのですけれども、2世、3世になってくると明らかに見劣りがするというか、劣化度がはっきりわかる。

最近、そういう子がふえているじゃないですか。感情があるのかないのか。殴っても怒らなそうだとか、何を考えているのかわからない。何を言っても「ああ、そうですね。へえ。はあ。ほお」みたいな、「大丈夫？　人間ですか」と思うような子がふえている。あれもやっぱりほとんどが食べ物のせいだと思います。

あと、一定以上のところに来ると思考が深まらない。考えられなくなってしまう。それはたぶんピコピコとゲームをやったり、答えがあるものしかやらないからかもしれない。本当の意味で脳を使っていないからかもしれませんけれども、ワクチンの中にマイクロチップを入れると、そういったことが顕著になってくる。つまり、人間が恐ろしく劣化していく。獣化していく。

獣化すればするほど、感情がなくなります。動物の進化の度合いをはかるには、より感情が豊かなほうが、動物としてより進化しているということになります。だから、失礼だけど、トカゲよりは犬とか猫のほうが感情が豊かで、表情があります。カエルも生物ですが、ケロッケロッと、感情があるのかないのかわからない。

どう考えても、人間がかわいいなと愛着が湧くのは感情表現が豊かな動物です。ヘビに愛情がありますと言う人は、そうはいないと思うのです。ヘビは感情表現があまりありません。だけど、犬は好き嫌いがあったり、怒ったり、悲しんだりするのです。ご主人様が死んでしまったら、お墓でずっと悲しんでいたりするのです。そういう姿を見ると、犬にも心があるんだなと思ってグッとくる。でも、ヘビがご主人様が死んじゃったと悲しむことはないと思うんです。それと同じで、進化の度合いは、感情がどれだけ豊かかということに比例します。

人間がこれだけ知性的になったのは、実は感情が豊かだからです。言葉を巧みに操るし、音楽で涙を流したり、絵画を美しいと思ったり、そういう教養みたいなところ、文化的な深さが人間にあるからです。下等になればなるほど文化的な深さがなくなります。何を見てもわからない。夕日を見て、しみじみ涙が出るということはない。「赤いですね」で終わり。

何が言いたいかというと、マイクロチップを入れられてしまった2世、3世がそうなっていくということです。だんだん人間でなくなってきて、下等動物と言うと失礼ですけれども、そういうふうになっていく。

その特徴は、感情がなくなってくる。だから、ロボットみたいです。「君、こうしなさい」「はい、わかりました」、「君、あっちに行きなさい」「はい、わかりました」、「君、あの人を殺しなさい」「はい、わかりました」、「君、死になさい」「はい、わかりました」、こんな感じになっちゃうんでしょうね。

権力者にとって都合が悪い、あるいは、うるさいことばかり言うとなれば、すぐにプチッと消されてしまいます。その人がどこにいるのかというのもすぐにわかります。富士山の上に逃げたって、あいつ富士山に行った、とわかります。

今年の末、来年ぐらいに、皆さんはこういうものを入れられようとしているのです。それも義務化なんですよ。これは闘わないといけないと思います。これをやってくれる政治家だったら私は投票しますが、なかなかいない。どの政治家も、どの役人も、どの人も、コロナでそう思わされたのかもしれないですけれども、ワクチンを待望している人ばかりです。山本太郎さんもです。そして、そのワクチンを開発する費用に国家予算をバカバカ使って、バカじゃないのかと思います。

これを打った人と打たなかった人で大きく変わってきます。淘汰というのは、何も神がこの人は死になさいと災害でも起こして死ぬということではなくて、みずからチップを体内に入れた人が淘汰されるのです。

経済崩壊後に待ち受けているそら恐ろしい罠

チップを体内に入れる方法は二つあります。まずはワクチンです。もう一つが電子マネーです。

コロナウイルスをばらまいた目的の一つは、我々を貧しくさせるためです。日本やドイツのいろんないい企業を弱らせて疲弊させて、株価がガーンと下がったらそこでバーンと買う。これは戦争なのですから、乗っ取りです。

例えば、新宿にたくさんの感染者がいるという話です。夜の街、夜の街と言って、実際いるんでしょう。しかし、コロナだということにすれば、10万円の見舞金がもらえたそうですよ。私はたった10万円でそんなことをするかなと思うんですけれども、コロナのPCR検査を積極的に受けて10万円をもらう人も多かった。そういったこともあって、新宿区で極端に感染者が多かった。

私もオフィスが新宿にあるのですけれども、確かにあそこは異様です。それは認めます。自粛中、すごく異様だなと思ったのは、誰もいなくなって、角ごとに警察が立って、開店している店がボチボチあるところで、そこの店に入っていこうとする人がいると、「早く帰りなさい。うろうろしていてはいけません」と、警察が営業妨害ですよ。風俗店とかの前にいて、大声で「あなたたち、営業をやめなさい」みたいな感じです。

こういうことをしたら、当然経営できなくなります。今、ビルの値段もかなり安くなっていると聞いています。日本の老舗の温泉旅館といったところも営業できなくなってきて、かなり安くなり、安くてもいいから買ってくれというふうになっていると聞きます。こういった状態になったら、ガバーッと買っていくんじゃないですか。結局、ビルや旅館のオーナーはみんな外国人ということになってしまいますね。

ここはコロナがたくさん発生していますということにすれば、皆さんは怖がって、そこに来ない。そうすると、そこの地価が下がる。下がったときに買い占めるという方法をとるためにやっているのかなとしか思えない。

このようなことがビルとか土地だけでなく、これから日本企業に起こってくる。日本の産業技術は中小企業が結構支えています。中小企業は、今までも資金繰りがなかなか回っていなかったんです。今でさえも中国人の投資を当てにしている日本の経営者や企業がふえたんですけれども、そういったことがますますふえて、結局、日本企業とは名ばかりで、実体は中国が持っている、あるいは別の外国人が持っているということになりかねない。

つまり、日本は本当にスカスカの状態になってしまうということです。

こういったことを起こすために、わざとワクチンをばらまいたんじゃないかなと私は思っています。

給付金・ベーシックインカムに秘められた次なる作戦

貧しい人がふえたので給付金をあげましょうということになるわけですけれども、今回も受け取れなかったり、市役所が大混乱したり、大変です。ですから、これをスムーズにやるために、おそらくＩＴ化をしようという話になると思います。それが電子マネーなるものです。そこにおそらくマイナンバーとか、要らないのにつけてきます。最後は、カードみたいになればいいけれども、それも結構高い。落としてしまったら終わりだとか、いろんなことがあるでしょう。だから、その人の手の親指と人差し指の間に入れれば誰にも盗まれない。あなたの生体認証だから大丈夫だということで、政府の給付金をもらうのにも人体にチップを入れなければならないことになると思います。今はまだその議論はないですけれども、これは外れてほしい私の推測ですが、おそらくそうなると思います。

そうなったときに、それを入れていないと、政府からの給付金がもらえないということになると思います。そのときに、今までみたいに普通に生きていければ拒否できると思いますけれども、コロナや経済危機、たび重なるいろんなことで疲弊してしまって大変なときに、断れるでしょうか。だから、政府の給付金に依存して生きていかざるを得ない人たちを多くつくろうとしているのだと私は思います。そうなったらダメですね。

ベーシックインカムをつくれという声も一部に結構多くあります。その気持ちもわかりますけれども、言っている本人たちもわかっていないのは、それがチップになるよということです。初めは現金でもらえます。現金をもらえているうちはいいけれども、「これからチップに変わります。チップがないともらえません」と言われたら、どうしますか。それに頼り切ってしまっていたら、なかなかノーとは言えなくなる。私は、これが狙いではないかと思っています。

私たちが本当にチップを拒否するためには、こういう不利益を受け、政府の給付金も要らないよと言えるだけの覚悟があるかどうかです。ほとんどの人が、たぶんないんです。生きるために仕方がない。会社に勤めないといけないからとか、医者も、国会議員も、国家公務員から真っ先に入れられますから、かわいそうですね。今までエリートだった人から、サヨナラということになります。淘汰されていくということです。

今までエリートだったところから一番悲惨なゾンビが生まれる

だから、私は自分の子どもは絶対に役人になってもらいたくないと思っているのです。上の子は頭がパーですけれども、真ん中の子は頭がちょっといいですから、Ｔ大を目指しているわけですが、私は、そんなことよりも私と一緒に、新しい国づくり、「現代のはこぶね」をつくったほうがいいのになと思っているんです。

なぜならば、ちょっと前の時代だったら、大学を卒業した後に未来があった。しかし、今そこを卒業したって、就職できる先がほとんど泥船になってしまっているということなんです。Ｔ大を出た人が一番よく行く中央官庁からして泥船になってしまう。今まで一番よかったところが、一番危ないところになるわけです。

多額の学費を払って、国家試験の中でも一番難しいと言われる医師免許を持って医者になったとして、これからはプラズマもあるし、細胞再生治療もあるし、お医者さんは外科とか産婦人科以外は要らなくなってくる時代になる。ワクチンは医者から打たれると思います。当然、その中にはマイクロチップが入っている。しかし、医者も医学部に行っているうちにさんざん洗脳されますから、ワクチンを打つことはいいことだ、ワクチンを打たないとダメなんだと思わされてしまいます。

そして、一般の人は、医者の先生が言うから、ワクチンを打ちましょう、この薬を飲みましょうと聞くわけです。誰も坂の上零の言うことなんか聞いてくれないのです。それはダメですよと一生懸命言っても誰も聞いてくれない。医者だったら聞いてくれるのです。しかし、その医者が打っていないとダメだから、医者も打つのです。

大阪府で既に始まりました。医者みずからが新しいワクチンの臨床試験の実験台になるそうです。大阪市大病院のお医者さん、かわいそう。ノーと言えよと思うのですけれども、早く転勤したほうがいいなと思いますが、これからどんどんそうなっていきます。今までエリートだったところから、一番悲惨なゾンビが生まれてくる。チップを無理やり入れられるからです。

結論は、私たちはできるだけ国家や円に頼らない新しい経済圏を早急につくっていかないといけないということです。それを今、はこぶね組合、COCONAUがやっております。COCONAUというのは、coconau.com という一つのポータルサイトです。そこははこぶね組合の組合サポーターさんが、NAUでこれから物々交換をしていきます。これがおそらく命を助けることになってくると思います。

わかっていることは、これから極めて大変な経済危機が来ること、金融崩壊が来るということです。この金融崩壊は誰が起こすのかというと、パンデミックを仕掛けて演出している人たちです。

冒頭に郵政民営化の件でも言いましたけれども、当然、イングランド銀行の後ろでお茶を飲んでいらっしゃる方々が決めているわけです。指令はロンドンから来ます。彼らの配下に製薬会社、薬品会社が何社かあります。

ですから、安倍さんは、なぜかわかりませんけれども、アメリカとイギリスの製薬会社にコロナウイルス対策のワクチンを確保してくださいとお願いに行ったそうです。バカかと思います。

しかも、国内でもたくさんの会社がワクチンを開発しているんですけれども、そこに行くのではなくて、なぜわざわざアメリカとイギリスの製薬会社にお願いに行くのか。

お願いに行く必要なんか全くないですよ。日本に強制的に売りたいのは向こうです。あちら側が日本政府に買ってほしい。子宮頸がんワクチンもそうでした。原価はたったの100円のワクチンが5万、7万になります。みんな税金ですよ。こういったことが、これからコロナでも起こるわけです。ワクチンはおいしい商売なのです。それを全国民に強制的に打たせることによって、どれだけ儲かるんですか。

これに対してノーと言う政治家はいない。なぜならば、たくさんおカネをもらっているからです。ワクチンに関してだけは、共産党も同じです。反対しません。どれだけ私が孤独だかわかりますか。味方が誰もいないわけです。ほんの数人で一生懸命頑張ってやっているようなものなんですけれども、これは冗談抜きで、ワクチンだけは打ってはいけない。なぜならば、マイクロチップを一旦体内に入れてしまうと、助けることができなくなるからです。もちろん外資製薬企業（特に英米）は、ワクチンにより副作用が生じた場合も一切の責任は取りません。日本政府がその責任まで取らされて、訴訟費用を負担させられる屈辱的な奴隷契約なのです。そこまでして、効果があるかどうかよくわからないのに、危険性だけは未知数なワクチンを外資製薬企業（国際金融マフィア）から買わないといけない論理的理由など、万に一つもないのです。

Part 3

この災厄は全て聖書に記されている

ヨハネの黙示録の預言

マイクロチップのことは聖書にも書かれています。知っている人もいるかもしれないけれども、ディープステートの方々も、聖書の預言どおりに動きます。だから、聖書をちゃんと理解していなければ、世界で何が起こっているかわからないということになります。

なぜか知らないけれども、彼らが敵視するのはいつもイエス・キリストです。ブッダとか、マホメットとか、親鸞とか、クリシュナとか、歴史上、偉大な方々がいろいろ出てきたのですけれども、そういう方々は一切攻撃しません。敵視するのはいつもイエス・キリストだけです。

『ヨハネの黙示録』に、こう書かれています。

小さき者にも、大いなる者にも、富める者にも、貧しき者にも、自由人にも、奴隷にも、すべての人々に、その右の手あるいは額に刻印を押させ、この刻印のない者はみな、物を買うことも売ることもできないようにした。この刻印は、その獣の名、または、その名の数字のことである。ここに知恵が必要である。思慮のある者は、獣の数字を解くがよい。その数字とは人間をさすものである。そして、その数字は６６６である。

６６６というのが聖書の中で出るところは何カ所しかないですけれども、一番強烈なところがこれです。マイクロチップがこの６６６なのです。

しかし、実はマイクロチップだけではなくて、ありとあらゆるもの、例えばバーコードとか、日本のコインを全部足せば６６６円になるとか、とにかく全てがそういうふうになっているわけです。

サブリミナルみたいな形で、いろんなマークとか、歌手が踊ったり、演説のときにやっている何げないしぐさの中に入ったりしています。いずれにしても、あちらの方ですよとみずから言っているわけです。

この666が体内に入ってしまうとどうなるのかというと、一人でも多く最後の大淘汰から免れさせようと思って、神は手を差し伸べて助けようとしているけれども、この獣の印を額または体内につけた者は救えない。救いの中に入らないとはっきり書いています。

それどころか、こういうふうにも書いています。聖書は、ただの書物ではないんです。予言書だったり、歴史書だったり、いろんな読み方ができます。この時代のことについても、2000年前ですが、詳しく書かれています。

大いなるバビロンは倒れた。そして、それは悪魔の住む所、あらゆる汚れた霊の巣くつ、また、あらゆる汚れた憎むべき鳥の巣くつとなった。すべての国民は、彼女の姦淫に対する激しい怒りのぶどう酒を飲み、地の王たちは彼女と姦淫を行い、地上の商人たちは、彼女の極度のぜいたくによって富を得たからである。

このバビロンというのは、今のグローバル資本主義経済と軍産複合体、国際金融マフィアの連中のことです。これは悪魔の住むところだと言っておりまして、実際に悪魔崇拝をやっております。彼らは一生懸命ルシファーに幼児の血を捧げて飲んでいるわけですけれども、当のルシファーはそれが大嫌いだそうです。彼らは、ルシファーがそういうことを嫌いだということを知らないんですね。

「すべての国民は、彼女の姦淫に対する激しい怒りのぶどう酒を飲み」、この「すべての国民」には我々も入っているんでしょう。「彼女」というのはロスチャイルド一味、国際銀行家のことだと思うんです。我々は、そこと離れて生きていないわけです。彼らのおカネを使っています。彼らのおカネを使わなくなって、初めて彼らの影響下にはないわけです。円、ドル、ユーロ、暗号通貨やビットコインを使っている間は、彼らの支配下にあります。

「地の王たちは彼女と姦淫を行い」、この「地の王」とは誰でしょう。安倍や麻生といった連中のことです。政治と商売と賄賂、こういうものをごちゃごちゃにしている方々。その国のために政治をするのではなくて、国政を私物化したり、特定の企業を優遇して、そこからキックバックをもらったり、そういった連中のことです。たくさんいます。ラムズフェルド元長官もそうです。そういった方が日本の政治にはたくさん居すぎて困ってしまうわけです。まともな人がいないという状況です。こういう人たちのことを「地の王」といいます。

また、地の王の配下で一緒になって、「越後屋、おぬしもワルじゃのう」の越後屋みたいな、中間マージンを抜くだけ、何もしないで国家のおカネをかっさらっていくだけの電通とか、本来だったら福島のトリチウムやセシウムを除去できる技術があるにもかかわらず、14年間、一定のおカネが国から除染予算としてつけられていて、その仕事が欲しいがためにずっと除染をし続けている建設会社とか、そこからキックバックをもらっている自民党のオヤジとか、誰とは言いませんけれども、こういった方々が「地の王」です。

「彼女」とは国際銀行家のロスチャイルドたちのことです。この中に、もちろんアメリカのグローバル企業、各国のエリートの方々、大企業、全部入ります。「姦淫を行い」というのは聖書によく出てくる表現ですけれども、本当に姦淫を行ったというよりは、「恥ずべき行為を行い」ということです。

「地上の商人たちは、彼女の極度のぜいたくによって富を得たからである」。竹中平蔵みたいなやつのことです。おカネ儲けが悪い、ビジネスが悪いと言っているのではないんです。大いにしてくれて結構だけれども、間違った方法でやる方々が、「彼女」、ビル・ゲイツが、軍産複合体の連中から富を得たと書いてあります。

わたしはまた、もうひとつの声が天から出るのを聞いた、「わたしの民よ。彼女から離れ去って、その罪にあずからないようにし、その災害に巻き込まれないようにせよ。彼女の罪は積り積って天に達しており、神はその不義の行いを覚えておられる。

彼女がしたとおりに彼女にし返し、そのしわざに応じて2倍に報復をし、彼女が混ぜて入れた杯の中に、その倍の量を、入れてやれ。彼女が自ら高ぶり、ぜいたくをほしいままにしたので、それに対して、同じほどの苦しみと悲しみを味わわせてやれ。彼女は心の中で、『わたしは女王の位についている者であって、やもめではないのだから、悲しみを知らない』と言っている。それゆえ、さまざまな災害が、死と悲しみとききんとが、一日のうちに彼女を襲い、そして、彼女は火で焼かれてしまう。彼女をさばく主なる神は、力強いかたなのである。彼女と姦淫を行い、ぜいたくをほしいままにしていた地の王たちは、彼女が焼かれる火の煙を見て、彼女のために胸を打って泣き悲しみ、彼女の苦しみに恐れをいだき、遠くに立って言うであろう。『ああ、わざわいだ、大いなる都、不落の都、バビロンは、わざわいだ。おまえに対するさばきは、一瞬にしてきた』。

もうすぐこういうことが起こります。だから、そっち側に行ってはいけないということです。

また、地の商人たちも（竹中平蔵とか、パソナとか、電通などです）**彼女のために泣**

き悲しむ。もはや、彼らの商品を買う者が、ひとりもないからである。その商品は、金、銀、宝石、真珠、麻布、紫布、絹、緋布、各種の香木、各種の象牙細工（つまり、高価なものということです）、高価な木材、銅、鉄、大理石などの器、肉桂、香料、香、においい油（昔、これが高かったんです）、乳香、ぶどう酒、オリブ油、麦粉、麦、牛、羊、馬、車、奴隷、そして人身などである。おまえの心の喜びであったくだものはなくなり、あらゆるはでな、はなやかな物はおまえから消え去った。それらのものはもはや見られない。これらの品々を売って、彼女から富を得た商人は、彼女の苦しみに恐れをいだいて遠くに立ち、泣き悲しんで言う……

つまり、今の国際金融の連中や、そういった方々から富を得て、企業を経営していた方々や、各国政府もこれに入ります。日本政府ももちろん入っています。

人間はどう生きるかを試されている　天変地異も予言されている

第四の者が、その鉢を太陽に傾けた。すると、太陽は火で人々を焼くことを許された。人々は、激しい炎熱で焼かれたが、これらの災害を支配する神の御名を汚し、悔

い改めて神に栄光を帰することをしなかった。

チャンスは与えたんだけれども、人間は神への反逆をやめなかったと言っております。

第五の者が、その鉢を獣の座に傾けた。すると、獣の国は暗くなり、人々は苦痛の余りに舌をかみ（こんなに苦しいんだったら死んだほうがましだということで、自殺したくなるということです）、**その苦痛とでき物とのゆえに、天の神をのろった。そして、自分の行いを悔い改めなかった。**

これはたぶん私たちじゃないかと思っています。だから、私たち一人一人にも言えることなんです。つまり、私たち各自は、それぞれが、どういうふうな人間として生きるのか、何を私たちが選ぶのかを試されているということなんです。そして、最低限の踏み絵がマイクロチップを体内に入れないということです。入れたらどうなるのかも、ここに書いてあります。

第六の者が、その鉢を大ユウフラテス川に傾けた。すると、その水は、日の出る方

から来る王たちに対し道を備えるために、かれてしまった。

「日の出る方から来る王たち」、東のほうから来るわけですね。

また見ると、龍の口から、獣の口から、ニセ預言者の口から、かえるのような三つの汚れた霊が出てきた。これらは、しるしを行う悪霊の霊であって、全世界の王たちのところに行き、彼らを召集したが、それは、全能なる神の大いなる日に、戦いをするためであった。(見よ。わたしは盗人のように来る。裸のままで歩かないように、また、裸の恥を見られないように、目をさまし着物を身に着けている者は、さいわいである。)

つまり、人に見られていないからといっても、自分の行いに気をつけなさいと言っています。あなたがしていることは全部お見通しだと言っています。この大淫婦と書かれているのは、もちろんロスチャイルドとかその一派のことですけれども、我々もその中の一員のようなことをやっていると、一緒になりますよという戒めが書かれている。

三つの霊は、ヘブル語でハルマゲドンという所に、王たちを召集した。

イスラエルなどの、あの辺です。

第七の者が、その鉢を空中に傾けた。すると、大きな声が聖所の中から、御座から出て、「事はすでに成った」と言った。すると、いなづまと、もろもろの声と、雷鳴とが起り、また激しい地震があった。それは人間が地上にあらわれて以来、かつてなかったようなもので、それほどに激しい地震であった。

かつてなかったような大きな地震が来るんだそうです。

大いなる都は三つに裂かれ、諸国民の町々は倒れた。神は大いなるバビロンを思い起し、これに対し、神の激しい怒りのぶどう酒の杯を与えられた。

「大いなるバビロン」とは現代文明のことです。人間に対して、おまえたちはどれだけ神に反逆してきたんだということです。自然を破壊し、遺伝子組み換えまでやって、いいかげんにせいということだと思います。

島々はみな逃げ去り、山々は見えなくなった。また一タラントの重さほどの大きな雹が、天から人々の上に降ってきた。人々は、この雹の災害のゆえに神をのろった。その災害が、非常に大きかったからである。

島は沈んだのでしょうか。よくわかりませんけれども、天から雹が降ってきたそうです。もうオーストラリアとかイタリアでは始まっていまして、本当にすごいですよ。でかい雹が車をボコボコにして、バンパーも窓も割っております。

全然ニュースにならないんですけれども、かつてない大変なことが起こっています。ここに書かれていることは、ほぼ全て起きています。私もびっくりしたんですけれども、ペルーのクスコで、なぜか突然、川が血のように真っ赤になっております。あれは人工的にできないです。大量のイナゴもそうです。皆さん、ご存じでしょう。アフリカで発生したイナゴが、インドでさんざん食料を食いあさって、今、中国に到達しようとしています。インドは、これから食料危機が来ます。

日本の食料自給率は何%でしょうか。38%なんです。しかも、これがTPPやら日欧E

PA、日米FTA、日英FTAやらでどんどん落ちていってしまいます。農水省が、TPPで14％まで下がると言っています。38％から14％まで落ちるということは、それだけの農家さんが失業するということです。オーガニックをつくっている弱小の農家さんは、当然すぐに廃業します。はこぶねは守らないといけないから、頑張ってオーガニックの農地をふやして、それを買ってくれる仕入先も見つけて、そういうオーガニックをふやしていきたいと思っているんです。

いずれにしても、この大変な時代、災害、天変地異、こういったことが書かれておりまして、残念ながら、これはただ書かれているということではなくて、本当に起こってきています。そして、これからも起こるでしょう。

かつてなかったほどの地震が起こると、はっきりと書いてあります。そして、天からすごい雹が降ってきて、それゆえに人々は神をのろうと書いてあります。それぐらい強烈な地震なり災害が来てしまいます。

坂の上零、ジャズを歌う。自ら作詞作曲、編曲した楽曲を多数持つ。ジャズ、クラシック、ラテンから、ロック、ポップまで幅広い。

坂の上零　講演会の模様（上）　ピアノコンサートの模様（下）

Part 4
みずからが「救いの手」になっていくその方法

私たちが生き方を変える――医食同源はこぶね組合・アースセイバー

これを食い止めるためには、祈ってもダメなんです。政権交代してもダメなんです。私たちが生き方を変えて、心から悔い改めるしかないと思うんです。

人類が悪かったのは、ロスチャイルドや一部の人たち、安倍首相だけのせいではないんです。我々だって立場が変わって同じ立場だったら、同じことをやったかもしれない。それだけの悪の根みたいなものを、私たちは一人一人が持っています。こういったところから、自分を本当に清めていかないといけないと思う。

偉そうに言うなと私も思いますけれども、私も努力して、やっていきたいと思っています。本当に天に帰ってこい。まだ時間があるうちに、神に立ち返れということを私はお伝えしたいと思っています。

私もそう思って、今、はこぶねをつくっていますけれども、医食同源はこぶね組合ですから、はこぶねには良心的な医者も結構います。ワクチンに慎重派の医者も各地にいっぱいいいるんです。こういった方々がはこぶねには結構協力してくださっていて、自然農家さんとそういう医者たちが一緒になって、これから医食同源のはこぶねビレッジとかそういうのをつくっていったり、いろいろしたいなと思っています。ワクチンを回避しても、みんなで何とか幸せに生きていけるようなところを用意したいと思っています。

しかし、それにはおカネがかかります。山を買わないといけません。太平洋側だとちょっと心配です。一時期、沈む可能性があるからです。この辺（東京）もそうです。

だから、標高600メートル以上で、源泉の温度が85度以上の温泉かけ流しのところを、もう具体的に探しているんですよ。なぜ源泉かけ流しかというと、私のパートナーが言うには、彼は沖縄でホテルを経営したことがあったんですけれども、水代とガス代が高いんですって。何百万円とかかるんです。それを安くするためにも、温泉かけ流しであればいいかなと。温泉があるということは地熱があるから、地熱を使って発電もできます。

そして、COCONAUを使って物々交換をしていく。これを広めていく。そうすることによって、食料難で大変な時代が来ても、少なくとも必要なものは手に入れることができるようにしたいと思っています。

なぜならば、災害が来ると都市機能は1週間で麻痺してしまいます。本当に必要なのは、食べるものや、水や、おむつや何やらという日用品なんです。ふだん安かったものが高価になって、手に入らなくなるのです。これが特徴です。

今回も、コロナで我々は学びました。マスクなんていつでもあったはずのものが消えました。値段が何倍かになっても買えなかったんです。まだマスクだからいいけれども、食料品だったら何カ月待てるんでしょうか。

はこぶね組合は、組合と言っているのでユニオンなのです。その中に、生産者も消費者もみんなが入っています。その中でNAUポイントを使って物々交換する。円が破綻しても、NAUは破綻しないように物々交換をしていく。

日本だけでなく、COCONAUアメリカ、COCONAU・UK、COCONAUフランス、COCONAUインド、COCONAUロシア、COCONAUブラジル、COCONAUチャイナと、いろんな国ではこぶね組合をつくっていってもらって、自分たちの食料はできるだけ自分たちでつくって、それをNAUポイントで物々交換して、できるだけその国の通貨を使わずに、やりとりをしたらどうでしょうか。物々交換ですから、別に税金がかかるわけではありません。

何もフェラーリとか、そういうことを言っているのではないんです。車とか、ある意味ぜいたくなものは、円とかドルとかで買ったらいいと思いますけれども、本当に困ったときに必要なもの。皆さん、毎日何におカネを使いますか。1カ月の中で、何にどれだけおカネを使っているのかと考えれば、毎月、車を買いますとか、毎月、葬儀代を払いますという人はいません。回数が少ないのです。毎月一番おカネを使うのは食料です。

本当に必要なものは何ですか。水、食料、そして住むところ、日用品、もしものときの医療、何かあったときに行ける避難所、助けてくれる人、コミュニティー、こういったものです。こういったものを自分たちで整えよう。そしてNAUポイントで物々交換をして、何とかサバイバルしていこうというわけです。

そして、ワクチンを拒否しても、マイクロチップを体内に入れるのを拒否しても、一定の大淘汰が終わるまでしばらく耐え忍ぶということです。どれだけかわからないけれども、隠れキリシタンみたいに地下に潜る。昔のローマみたいに、ライオンに食われないために地下をつくりましたとか、そういうことにはたぶんならないと思いますけれども、やっぱり山がいいですね、我々はやまと民族なので、困ったら山に行くというのがやまと民族なんです。

天変地異は実は何回か起こってきておりまして、今回はガツーンというのが来るんです。

一つの大陸が沈んでしまうくらいのすごいものが起こっているわけですから、生きているかどうかわからないんだけれども、これが近々来そうだということでございます。この近々が何百年後なのか、3年後なのかはわかりませんけれども、来ることは間違いないです。はこぶねは、おそらくこの土地だったら大丈夫じゃないかというところに現代のはこぶねをつくっていきたいと思います。

その地はすでにあり、複数の物件をもはやおさえました。32部屋あるので、半分を分譲で売り、残りの半分で、医食同源NAU、はこぶねの自然栽培をして、医療法人をつくり、完全オーガニックな食による治療をはこぶねの医師たちとやってゆきます。そこで、ミラクルパー先生との世界初の細胞再生医療も一緒に、事業化してゆく計画です。そこに、新しい国、五つの自立を目指す、縄文社会のコミュニティーのような共存共栄する、みんなで生きる5次元の世界、医食同源NAUはこぶね若返りビレッジをつくるのです。

そのかわり、と言ってはなんですけれども、マイクロチップを入れた人は無理ですから拒否します。食料も住むところも貴重になるので、そういう人にあげると食料がなくなってしまう。できれば小さなお子様がいる若いご夫婦とか、こういった方々を優先的にしたいと思っています。種人《たねびと》といいますけれども、やっぱり子どもたちを次の時代に残していかなければいけない。全員殺されてしまうわけにはいかないので、子どもたちをちゃんと教育しないといけない。

今の公立校に行っているだけでは頭がパーになります。そのビレッジでは、ちゃんとした日本史、ちゃんとした教育もしていきたいし、本当の生きる知恵を学んでもらいたい。これからの時代、今みたいにひ弱では生きていけないので、3日間、山にほったらかして、雑草でも食べながら一人で帰ってくる、ランボーみたいな精神がないとやっていけません。ちょっとすりむいて、エーンと泣いているレベルではダメで、ある程度の厳しさは必要です。

もう時代が変わってしまいました。それまではゆとりとか、たいしたことなくても「ほめて育てる」か、お父さん、お母さんが怒らないとか、お父さん、お母さんを呼び捨てにしても誰も注意しないとか、そういうのはダメです。上下はきちっとあって、ちゃんとした子をもう一回育てる。無農薬、無化学肥料、在来種のものを食べて、ちゃんとした日本人の霊性をもう一回復活させて、ちゃんとした教育をして、まともな子を育てたいと思っています。細胞再生医療で利益が出たら、その資金を使い、子どもたちの教育費はできれば無料にしてあげたい。

そういったことにぜひこの土地を使ってくれ、山を使ってくれ、安く売ってあげるよという人がいたら、ぜひ坂の上までお声かけください。温泉かけ流し、そこがいろんな方々の避難所になったりもするので、建物が欲しいです。そういうところがあって、安くしていただければ、ぜひ買わせていただきたいと思います。

プールとか池とかあればそこで養殖もしていきたいと思っています。というのは、魚が水銀だらけで食べられなくなっています。だから、魚も残さないといけない。

ノアの方舟にはいろんなものが入っていましたね。それと同じで、なくなってはいけないものは、そこで守っていく。動植物の本来の種を栽培しながら守っていくし、日本のコメや日本そば、日本の大豆を復活させたいと思います。

こういうものを皆さんに食べてもらって、健康になってもらって、子どもたちにもそういうものを食べさせてあげたい。本当は給食でそういうものを出してあげたい。まだまだ給食を出せるほどないですけれども、そういうことをふやしていきたいし、そういう活動がふえればふえるほど、日本が遺伝子組み換えの毒から守られるということです。

遺伝子組み換えは、動植物の種子や遺伝子を操作して、全然違う変なものをつくり上げていますけれども、私はこれは神への冒瀆《ぼうとく》だと思っています。こんなものを天然のものと交配させたり、今はまだなっていないからいいけれども、天然の動植物や天然の森に放ったらどうなるのか。むちゃくちゃになります。こんなことをしてはダメですよ。

でも、人間は愚かで、今こういうことばかりやっています。ロスチャイルドたちだけではないです。罪が積もり積もって天に達しているのは大淫婦だけではないです。我々だってこういうことばかりやっているわけで、それに対して声を上げていないということは、賛同しているに等しいわけです。

やっぱり声を上げなきゃいけないし、買い物は投票ですから、本当にオーガニックなものや人間が食べてよいちゃんとしたものを選んであげてほしいんです。そうしたら、もっと広がっていきます。そういうものを子どもたちにも食べさせてあげたいと願います。

五つの自立①　水と食料の自立

これからいろいろ起こってきますけれども、我々は最大・最悪のことで試されます。我々が何を選ぶのかということが踏み絵のように一人一人に突きつけられてくるのが、ワクチン義務化です。それが目前に迫っております。10年後ぐらいだったら、私もちんたらやりたかったのですけれども、皆さん、もう来年ですよ。時間がないのです。だから、本当に早く円とかドルから自由な世界をつくらないとダメだ。

人間が必要なみそ、コメ、しょうゆ、衣類、住むところといったものは、我々が最低限確保する。医者も要ります。特殊な能力を持っている方々も必要です。大工さんやいろんな方々が必要で、日本という国の中にもう一つの独立国があるようなイメージですが、別に独立国になるわけではありません。

アメリカには、既にそういうところが幾つもあるのです。日本にもぽつぽつあります。しかし、皆さん、自然栽培しかやっていないのです。それだとダメということはないけれども、やっぱり貧しくなってしまうし、経済が低迷します。これから来るであろう巨大な試練を単独では乗り越えていけません。だから、全国区で組合になって守っていく必要がある。

何度も言いますけれども、NAUポイントで物々交換していく必要がある。その市場がもうでき上がっている。COCONAU（coconau.com）といいます。組合サポーターさんになれれば、NAUポイントで物々交換できます。円やドルをNAUポイントに替えるところは日本ではなく、海外にします。

何を目指しているのかといいますと、五つの自立です。まず、医食同源と言われるものが最初の二つです。だから、医療と食料（自然栽培）を本来のあるべき姿に戻すことをするので、医食同源はこぶね組合というのです。

第一には水と食料の自立。あるところに水源がありますので、それをどうしても買いたいと思っております。本来だったらこれは国がやることで、こんなところを売ってはいけないと思うんですけれども、売り出しておりまして、世界的にも、それがすごい水源なので外国に買われてはいけないから、早くおカネを集めてその水源を買いたいと思っています。2億5000万円かかるので、出資者を求めています。

食と水の自立ですけれども、食はもちろん戦前まで日本人が食べていた自然栽培の食です。在来種で無農薬、無化学肥料のものを中心にやっていきます。

果物に関してだけは、無農薬だと不可能だというのは確かにあるので、低農薬です。しかし、それ以外は極力無農薬、無化学肥料でやっていく。そういう農業、自然栽培を全国区で推進して、組合サポーター同士がNAUポイントで物々交換することによって、少なくとも飢えることがないようにはしようということであります。

五つの自立② 医療の自立

二つ目は、医食同源ですから、医療の自立です。

マッチポンプで、病気にして殺しますという医療ではなくて、本当に救う医療をやっていく。世の中には心あるお医者さんもたくさんいます。そういった方々が一丸となってはこぶねに来ていただいて、各コミュニティーでお医者さんをやっていただきたいと思います。

彼らがちゃんと生きていけるように、いろんな仕組みを考えています。ここではなかなか言えないのですが、今の保険のレセプト制度は、ある意味、医者を点数制度にしているのです。

例えば、この検査をやったら何点という形で厚生労働省にレセプトというものを切る。そうすると、半年後に厚生労働省からおカネが振り込まれます。こういうのをやるから、たくさん薬を売って、たくさん検査をして、たくさん点滴もやって、いろんなものをたくさん出したほうが儲かるというふうになってしまうのです。保険のレセプト制度がそうなっているからいけないのであって、ＮＡＵは、そういうことをしなくても回っていくように考えたいと思っています。

お医者さんも、今までのような何千万円という高い給料はもしかしたらもらえなくなるかもしれません。しかしながら、我々でちゃんと守って、住むところや食べるものはちゃんとある。村人から尊敬される。そんなの要らないと言うかもしれないけれども。皆さん健康になるから、医者もそんなに忙しくないわけです。だから、縄文時代の当たり前の輪になって暮らすような社会が実現できたらいいなと思っています。

でも、そのためには、人間が、今のような低次元の、自分の私利私欲を追求することが一番大事みたいな人ばかりだと、どうしてもダメなのです。利他の愛に目覚めている方々が集まって、そういう社会をつくるから回っていくんですけれども、自分の利権、自分の立場、自己承認要求を満たすためとか、あの人をやめさせてくださいとか、そういう感じにならないように、低次元に引きずり落とされないようにしないといけない。そのためにもリーダーたちがしっかりしていないと無理ということになります。

しかし、そんな人はなかなかいませんので、リーダー育成が本当に必須です。ある意味で、聖人レベルでないとできないです。でも、聖人みたいな人がいるでしょうか。イエス・キリストのミニ版みたいな人、ブッダのミニ版みたいな人です。自分のために生きることを放棄して、本当に人々のために尽くすことに喜びを感じているような、神様みたいな人です。

しかも、経験も豊富で、経営能力もあって、リーダーシップもあって、山本太郎さんみたいに情に厚い人です。でも、ワクチン賛成はダメ。そういうリーダーが必要です。そういう方々が各地のコミュニティーで立っていかないといけない。

でも、なかなかいないので、これも育成していかないといけないのです。本当はこういう人材を育成するのが教育だったのですけれども、今の日本の小中高大を出ても、そんな立派な人材は生まれてきません。自分がいかに生き残るか。自分の給料をいかに高くもらうか。自分がどうやって生きていくか。自分と家族のことしか考えない人が多くなってしまいました。良い人ですが弱虫の日本病なのです。なので、日本が情けない衰退途上国となっています。決して安倍首相（現在は元首相）のせいだけではないわけです。私たちも変わらないといけないし、自分たちの価値観を改めていかなければいけない。

最初の先駆者は大変なんですけれども、天下国家のために頑張れるような人たちが必要だということです。そういった人材をもう一回育てる本当の人間教育をする必要がある。ただ教科だけを教えて、100点取って終わりではなくて、生きる力とか、人間への愛とか尊敬とか、たとえ自分と意見が違う人であっても、「あんたは間違っているんだ。あんたなんか出ていきなさい」ではない。

でも、本当に出ていかなければいけない人もたまにはいる。それは自分への自己承認要求が極めて強い、邪悪な人です。悪霊みたいなのがついている人はダメです。なぜならば、腐ったリンゴが入ると、周りを全部腐らしてしまうからです。腐ってしまうほうも同じレベルで悪いんだけれども、そういったことは極力しないようにしなければいけないから、人選は大変です。

しかし、ちゃんとしたリーダーが立てば、その人のレベルになります。はっきり言って、トップに立つ人間以上のものにはならないのです。トップに立つ人間のレベルが低いと、そこのグループは低くなります。レベルの低い人しか集まらなくなります。これは本当です。だから、ちゃんとした人間を育てて、その人間を中心に据えないとやっぱり難しいですね。そんな人はなかなか転がっていないので、しようがないから育てないといけないということです。私もやることが結構いっぱいあるのです。

五つの自立③　マネーの自立

五つの自立のうちの三つ目は、マネー、金融の自立です。

いつまでもロスチャイルドがつくったインチキマネーや、政府が発行する電子マネーや、暗号通貨や、円やドルやユーロやルピーや元、そんなものを使っていたら、私たちはずっと奴隷です。彼らにずっと見えない鎖で支配されているということです。彼らのマネーを使わないでもちゃんと生きていける経済圏をつくるということが全てです。

それを真剣にやっているのが、はこぶねコミュニティーです。

ただ自然栽培をやって自己満足している、小さなところで固まっている人たちとは違うのです。なぜなら、はこぶねをつくるから。自分たちが生き延びることだけを考えているわけではないので、全世界でみんなではこぶねをつくって、ＮＡＵポイントで物々交換をし合う。構想が結構大きいのです。

そうやって大きくして、イワシの群れにならなければ生き残っていけないです。自然栽培しながら、イワシが3匹チョロチョロ泳いでいたら、シャークにパカーンと食べられます。小さなイワシが集まって、『スイミー』じゃないけれども、でかい魚になって、自分たちを守り合う。草食動物みたいなものですから、守り合わなきゃいけないわけです。そういったことが必要なときが来てしまったということです。ですから、そういうことをやっていきたい。

五つの自立④　経済の自立（次世代のコア技術の事業化）

四つ目の自立は、経済の自立、つまり、産業技術です。

自然栽培だけをやっていくわけではありません。アーミッシュみたいにどこかにこもって、電化製品や現代文明の全てを否定して、薪でご飯を炊きなさいと言っているわけではなくて、地球を破壊しない最先端科学技術を持ってきて、フリーエネルギーであるとか、最先端技術を事業化していく。それでどんどんビジネスをやっておカネを稼いでいく。

自然栽培ではおカネを稼げません。自分たちが生き残るのがせいぜいです。大事ですが、それだけだったら江戸時代に後退してしまうのです。経済がガタッと落ちてしまうのです。経済を落としてはダメです。新しい世界をつくっていくためには、やっぱり産業が中核になければいけない。円やドルやユーロでない新しい金融システムで、NAUで物々交換でやっていかなければいけない。これを真剣にやろうとしています。だから、社会大改革です。

こんなねえちゃんが何を言っているのという話ですけれども、本当にやろうとしていまして、もうシステムはできています。COCONAUインドもできますし、各国の心ある方々に一緒にリーダーとしてやってもらう。COCONAUの仕組みを、これがアメリカ、これが〇〇、これがドルに連動したNAUポイント、これが元のNAUポイント、これがユーロのNAUポイントという形で、ヨーロッパ圏はドイツを中心にしてやりたいと思います。

なぜならば、ドイツ人が一番信頼できるというか、言ったことをちゃんとやってくれる。約束は守るし、期日は守るし、どこかへ行ってしまわないから安心できると思います。オーガニックの先進国ですし、やっぱりドイツはわけがわかっています。ワクチン義務化だって、国民がはね返しました。

日本人にその強さがあったらいいなと心から思いますけれども、なかなか無理でしょう。

国民が、それだけ頭がいいのです。本当の敵が誰かわかっていて、あのワクチンを打ったらマイクロチップを入れられるということがわかっているから、反対したわけです。

日本人はわかっていません。「コロナが怖い。これで大丈夫になるなら打って」と言う。バシバシッとたたいて「ダメだ！」と言わなければダメなんですけれども、そんなことをやったら私はすぐに逮捕される。でも、それぐらい大事なことなんですね。

ほかのことだったら声を大にして言わないけれども、これはその人が失われてしまうからです。その人の子孫もです。一旦その人がマイクロチップを入れてしまったら、その人からまともな子孫が生まれてこないから言っているわけです。その子どもたちだってかわいそうですよ。

お父さん、お母さん、何でこんなものを入れたの、僕がこんなになって生まれてきちゃったじゃないのと言われて、後悔してもしようがないという日が来ますから、できるだけ多くの人に知ってもらいたいと思っているのです。

今年末か来年、もうすぐ始まってしまいますから、助けられる人はごくわずかだということになりますね。そういうごくわずかな人を助けるのが、はこぶねの使命です。

組合サポーターさんは、月1000円払えば誰でもなれるのです。そうしたら、NAUポイントで物々交換できますが、これからつくっていくビレッジに住む権利があるのは、やはりワクチンを拒否する人、マイクロチップを拒否する人です。そうでない人にあげる食料がないのです。これからゾンビになる人を助けてもしようがない。

聖書に書いてあることが全てです。666を入れてしまった人は、大淫婦と一緒に焼かれる、捨てられると書いてあって、神の救いには入らない。つまり、はこぶねに入れてはいけないのです。ここははっきりしているのです。

坂の上は冷たいとか、あいつは鬼だとか、また言われるんです。でも、リーダーなんだから、守るべきものを守るためには鬼にもならなければいけない。誰にでもニコニコできない。嫌われたって構わない。ダメなものはダメ。でないと、仲間を守れなくなるから、最終的には、ワクチンを拒否する人しか守りませんよという話です。

これから本当に食料が貴重です。特にはこぶねのような食料はなかなかありません。今0・3％ぐらいしかないわけですから、これを何とか頑張って10年以内に50％ぐらいまで持っていきたいと思っているんです。途方もない仕事が待っているわけです。それでもやっていこうと思っていまして、そういう救済方法を考えています。

Qアノン、ホワイトハットなど他の者には頼らない、自分がミニ・キリストになる！

世の中はどんどん劣化していきます。既に劣化しているけれども、私たちの社会はさらに劣化して、幼稚化して、矮小化するものと思われます。

起こってくることは金融崩壊、経済危機、食糧難、日本病ゆえに劣化していく。より貧しくなって壊れていくでしょう。

こういう劣化した社会の中で、私たちは希望をつくる光でありたいと思います。ですから、私とご縁があって出会う人全ては、ご自身が住んでいるところで、ミニ・キリストではないけれども、自分がその地域をつくっていく。自分がその地域でオーガニックを推奨したり、その地域ではこぶねコミュニティーをつくったり、自分が多くの人に希望を与えられる存在になっていくことが大事なのかなと思います。

人だけでなく、ビジネスもそうです。自分がやる仕事が、自分が売る商品が、あるいは我が社のつくるものが、人や社会を救うビジネス、そういうことに寄与するものであってもらいたい。これからどんどん絶望が深まっていく世の中において、人々が希望を感じることができるように、希望の光となるような商品やサービスを提供する人になってもらいたいし、また、そういう人間であってもらいたいなと思います。

これは私が言っているのではなくて、言え言えと言うから、言っているだけなんですよ。私はそんな偉そうなことを言う者ではないんですけれども、ただ代弁しているだけです。

今の劣化した社会の中で、一つの現象が起こっています。

例えばホワイトハットさんとか、Qアノンさんとかのファンの人には申しわけないんですけれども、よく大量逮捕とか大量処刑の話が出ています。誰が流しているのかわかりません。それが本当に全部正しいのか、一部正しいのか、全部間違っているのかわかりません。

それらの記事によると、小泉純一郎さんは逮捕されたそうですが、私の友達は会える立場にありまして、逮捕されていないと。あれっ？　ということです。

ちょっと前の記事では、トム・ハンクスさんが幼児虐待で、幼児をレイプして、その血を飲んだりしていたから、トランプの逆鱗に触れて逮捕されて、処刑されたはずなんですけれども、2日前にロスで取材を受けておりまして、マスクをしないアメリカ人に対してかなり批判的なことを言っていました。

実際には、コロナでずっと入院していたそうです。帰ってきて、記者からの質問に対して答えていた。あのトム・ハンクスさんはニセモノなのか、それともホンモノなのか。または、あの記事自体がでっち上げなのかわかりませんけれども、こういう結構不可解なことがあるわけです。だから、どこまで本当で、どこまでウソだかわからない。マドンナも処刑されていません。自分のバースデーパーティーをしていた。生きています。ウソが多いです。すると、今のマドンナはクローンだと言い出す。そんなことはない。ウソが多すぎて、真実がわからないようにされています。

ですから、こういう内容をあまりやみくもに信じてしまわないほうがいいと思います。これが事実であったにせよ、なかったにせよ、私たちが自分自身を救っていくために必要なことではないですね。そもそも、トランプさんや、一部の誰かさんや、あるいは坂の上零や、あるいは山本太郎や、Aさん、Bさん、Cさん、いろいろいるんですけれども、そういった方々に頼って何とかしてもらおうという気持ちがいけない。自分たちで立ち上がらないといけないんです。だから、Qアノンだろうが何だろうが、宇宙人だろうが、どうでもいいんです。

ワクチンが義務化されてくるのは間違いないし、ワクチンに関してはトランプさんも積極的です。これに関してちゃんと拒否できる勇気があるかどうか試されますから、イワシの群れではないけれども、弱い者同士集まって、守り合うしかないわけです。こんな中で一人二人で闘うのは無理です。

だから、きっぱり分かれてくると思います。666を入れるのか、拒否するのかです。これはQアノンだろうが何だろうが、それがウソであれまことであれ、起こってくることなので、本質とかけ離れていることにあまり右往左往しないほうがいいと思います。

そういう情報に乗っかって右往左往してしまうと、他力本願になってしまうのです。自分で解決しなければいけないはずの自分の問題を、トランプさんに救いを求めたり、ほかの誰かに救いを求める。違うのです。

自分で自分を救うしかないんです。私たちの救世主は私たちです。私たちはヒーローを待つのをやめないといけない。あなたがヒーローだ。自分自身がヒーローですよ。

だから、はこぶねコミュニティーの基本理念の一つですが、自分の住むエリアで、自分がヒーローになる。自分が救世主になる。自分がミニ・イエス・キリストになる。自分が絶望の世の中に希望をつくっていく人になるということです。それをいつまでも避けていながら、誰かが何かをしてくれるのを待っている。すべき行動をしない。これがいけない。

選挙もこういう依存制度を生んでしまいました。だから、はこぶねでは、直接民主主義で、はこぶねコミュニティーの中に、大学の先生も、その地域の学者も、県会議員も、市議会議員も、学校の先生も子どもたちも、中小企業の経営者のおじさんも、医師会の人たちも、漁師さんも、中央卸売市場の人も、神主さんも、お坊さんも、観光協会とか、ホテル・旅館のおかみさんたちとか、心あるいろんな方々が集まって、みんなでこの地域の希望をつくる。

どうやって希望をつくるのか、そのひな形があって、こういう政策というのが実はあるんですけれども、与えられてやるのではなくて、自分たちの地域のことは自分たちしかわからないから、自分たちで政策を決めたらどうかと言っているんです。

例えば、エネルギー問題はこうしよう。食料問題はこうしよう。自分たちで議論すれば、おのずとわかってきます。誰だって農薬なんて食べたくないですよ。誰だって、自分たちの子どもたちに変なものを与えたくないじゃないですか。例えば左翼系の人もいる。右翼系の人もいる。しかし、みんながアグリーできるのは、もし地球を汚さないでちゃんと発電できるフリーエネルギーがあるとすれば、そっちのほうがいいよねとか、誰もが納得することがあるわけです。健康な食を食べたいよね、もっと広がってくれればもっと安くなるからね、そういうのを子どもたちにあげたいよねというところでは、絶対にイヤだと言う人はいないんです。絶対に農薬を食べたいという人はいないんですよ。

だから、みんなが合意できるものから合意していく。絶対できないところもありますが、そういったところで自分たちでまとめて、その提案書を市議会と県議会に、はこぶねコミュニティーとして上げるのです。そうすれば、彼らは税金をもらってやっていますから、ちゃんと審議しないといけない。上げれば何がしかの回答が返ってきますから、その地域の政治に自分たちがかかわる。政治家を選んで、自分たちの政治をしてもらうのではない。あなたがみずからの地域の政治を自分たちでやるのです。それがはこぶね組合です。

選挙に出なくても、政治家にはなれるのです。ただ、議会にいるかいないかだけの違いで、議会に提出することはできるわけだから、それでやればいいわけです。ただ、一人で持っていってもなかなかやってくれないから、組合でちゃんと名簿もつくって、これだけで話し合って、こうしたんだと上げると、ちゃんと審議してくれます。いろんなやりとりをしていって、例えば給食にオーガニックのものを入れてもらうとか、そういったことも話ができるようになります。

どこかで始めなければ、誰もやらない。だから、最初のペンギンに誰がなるかという話です。みんな怖いわけです。特に近所なんかに「あの人、わけのわからないクルクルパーの坂の上零にだまされて、ヒーロー気取りで変なことをやっているわよ」とか言われるかもしれないけど、放っておけばいいじゃないですか。どうせチップを入れられてゾンビにされて、死ぬんだから。今からはっきり分かれるんだから、これから淘汰されていく人の話なんか聞く必要はありません。

それよりも、まだわかってくれる人を一人でも多く救わないといけないのです。そういう人たちをちゃんと入れて、一緒にやっていく。いろいろやる方法があります。

五つの自立⑤　エネルギーの自立

最後、五つ目はエネルギーの自立です。

これが一番難しくて、一番おカネがかかって、最後になるでしょう。

原発とかに頼らない自然のエネルギーは、もうできていまして、私の知る限り9個ぐらいあります。その中で、実用化されているものも二つあります。そういうもので電力を自分たちで賄って、食も自分たちで賄って、医療も自分たちで賄って、マネーも自分たちで賄う。小さな国です。経済産業省も、財務省も、金融庁も、文科省も、全部自分たちでやるよという話です。ただ、彼らの目線ではやらない。

大宇宙の意思がこの地球をつくったのですが、何のためにつくったのか。どういう世界がつくりたかったから、この地球を我々にプレゼントしてくれたのか、そこの視点に立ち返って、天がつくりたかった世界を地上につくる。各地域では、我が地域に未来を、希望をつくる。この二つをスローガンに、みんながミニヒーローみたいな感じになっていただければいい。自分がヒーローになるのは格好いいじゃないですか。誰かに依頼するよりも、自分がそれをやるのです。いつまでも坂の上零に期待するのではなくて、皆さんが坂の上零になっていただいて、皆さんがやるわけです。そういうときが来たと思います。

私は体が一つしかないものですから、同時にあちこちに存在できません。だから、みんなにやってもらいたいと思っているんですけれども、なかなか立ち上がってくれる人がいなくて、いつまでも忙しいのです。どうか私を暇にしてください。よろしくお願いいたします。

「国づくり」は5次元で、3次元の地球はルシファーの牢獄だから

これから世界が完全に二極化していきます。

ここまで聞いてわかりましたよね。666を入れる人と拒否する人で、はっきり分かれてきます。すなわち、人間として残る人か、ゾンビになって滅んでいく人かわかる。ワクチンを入れてしまった人は、残念だけれどもサヨナラ、サヨナラになっちゃうわけです。

自分が愛する人にはぜひワクチンを打たせないでください。ベーシックインカムにあまり頼りすぎて、それがないと生きていけないみたいな世界になってしまって、仕方がなくチップを入れられてしまうということがないように、政府の給付金を当てにしないで、や

っぱり自分たちの生活は自分たちでやるということが基本です。

だって、ベーシックインカムはいつまでもタダでくれません。どこかの時点で、チップを入れたらあげますよということになりますから、そのときに拒否できる強さがあればいいけれども、なかったらどうしますか。そのときのためにも、はこぶねは早くあちこちにビレッジをつくっておかないといけない。そういった方々がしばらく何とかなるようにしたい。

聖書によれば、666は獣の印と書かれていますけれども、このナノ化したマイクロチップのことです。チップ＝666。この666により、AI管理されたゾンビにされるのです。そのチップを拒否すると、「物を買うことも売ることもできないようにした」とあります。そうされると困っちゃうのです。生きていけない。だから、生活に必要なものや食料はNAUポイントで物々交換する。これで回避していけると思います。

今それがcoconau.comで既にできていまして、NAUポイントはまだこれからですが、海外でやります。組合サポーター同士で物々交換をやっていけるようになりたいと思っていますし、この輪を広げることと、国内だけでなくアメリカも、インドも、中国も、あらゆるところで同時進行で広げていくことが、私は新しい世界をつくる、新しいコミュニティーづくりだと思っています。

だから、私が言う新しい国づくりは、何も日本政府に対して反旗を翻して、坂本龍馬みたいなことをやるのではない。国連に新日本国という新しい旗を立てるのではない。それは3次元なのです。もう古い。3次元で彼らと闘ったら、向こうは強いのだから必ず負けます。そうではなくて5次元に行くのです。彼らのおカネを使わなくていい世界を、彼らの上の5次元につくってしまえば、彼らは手を出せません。

それは血を流さない革命です。ジャンヌ・ダルクのように血を流す革命をしたら、必ずまた同じように誰かが立ち上がってきて、政権を奪われます。だから、もう政治ゲームはいいのです。政治は必ず対立構造をつくります。それも仕組まれたものです。本当の5次元の世界は、敵も抱きまいらせるではないですが、敵とも組み、敵が敵でなくなってきます。「君には勝てないから降参」という感じで、3次元ではロスチャイルドもえらく怖かったし、すごかったけど、5次元ではちょこんと座っている猫みたいになって、「かわいいね、ロスチャイルドさん」とか言っているかもしれない。

もっとも、たぶん彼らは5次元の世界には来られないので、そういうふうにならないかもしれません。

なぜなら、ルシファーの知恵を借りすぎてしまっているからです。ルシファーは5次元に来られないのです。ルシファーが許されているのは3次元までです。

ですから、ルシファーはここから出られない。この地球は彼の牢獄です。この3次元にいる限り、ルシファーと知恵で勝負して勝てる人は、私も含めて誰もいません。無理です。彼はもともと大宇宙意思の神の分身であり、一番美しく、一番の能力と知恵のある大天使として神につくられたのですから。悪魔になった今も、ルシファーは神を恋しがる、神を尊敬する、世界一の知恵者であり、美しさが何かわかる心をもっているのです。しかし、ルシファーは天に帰りたいのに、帰れないのです。彼はむなしいと言っています。だからヘビのように、この地上をうろついています。彼は本来美しいので、悪魔ですが、彼を崇《あが》めて、悪魔崇拝する人間たちのことを毛嫌いしていましたよ。大嫌いだって。自分に魂を売る人間をルシファーは軽蔑していましたよ。「汚ならしい！」と言ってね。そんなルシファーを崇める人間たちをルシファー自身が見下しているのです。虫ケラみたいに。その虫ケラが、悪魔崇拝をしている「エリート」たちです。3・11、9・11を起こし、数々の人工地震を起こし、今はコロナで世界中をだまし、666をワクチンや政府の電子マネーで人体にうめこませようと企んでいる人々のことです。この「エリート」たちの悪知恵の芸術的なすごさは、確かにすばらしい知能の高さです。それでも私たちにはかなわない。そこまで悪霊にのっとられていないからです。世界の「エリート」は、ルシファーに魂を売りました。その結果、彼らはこの世の王となり、富を得た。全て、ルシファーの知恵で、彼らは動いている。だから、ルシファーの手の届かない5次元の高い世界に行ってしまうと、どれだけ彼が優秀でも、どれだけ彼が頭がよくても、知恵にすぐれていても、So what?（それが私たちにとって何でしょう）ということになります。その第一歩は、彼らのおカネから自由になることです。円やドルやユーロや暗号通貨を使わないこと、NAUポイントで物々交換することが、5次元への入り口だと私は思っています。お金から自由になれば、あなたの心も自由になれます。

本書は、具体的にどうやって5次元を達成するのか、どうやって神とつながっていくのかを明らかにします。

ご清聴どうもありがとうございました。（拍手）

Part 5

質疑応答／日本はもはやビッグ・アウシュビッツ

日本円の価値はおそらく5分の1以下になる

質問者A　ビレッジがあるとしても、日本国に住んでいれば、日本の円を使わなければいけないことにならないですか。

坂の上　そこもいろいろ考えます。もちろん全ての円を使わないわけではなくて、例えば固定資産税とかそういったものは払わなければいけない。払わなければいけない税金は払わなければいけないから、払います。

ただ、組合組織、ＮＰＯとか農業法人、医療法人、いろんなことを駆使して、専門家たちも呼んで考えたいと思います。でも、日本国にいていろいろやるのであれば、もちろんその法律には従います。

質問者A　多少なりとも日本円は使うということですか。

坂の上　もちろんです。全部使わないわけではない。ただ、一番大事なことは、日本円しかなかったら、災害が起きたときとか本当に大変なときに、乗り越えられないということです。これから円がどんどん目減りしていきますから、例えば昨日までこれが500円でしたが、次の日には1500円になっているわけです。インフレとはそういうものです。3倍になってしまった。自分の資産としては変わっていないけれども、物の価値が上がるときには、上がった分だけ自分の資産が目減りしたことになります。

これからそういったことが起きます。私の試算では、おそらく5分の1以下になると思います。だから、円だけで持っていると、結構損します。だから、おカネを借りるんだったら今です。今借りておいて、後で返す。でもそういうことはダメです。そういう悪知恵を言ってはいけません。失礼しました。

グローバル企業の日本支配が完了してしまった

質問者B　政治に頼っていてはダメだということですが、最終的には政治権力を奪取しなければ、ヨーロッパみたいに農薬を法律で禁止したりできなくて、多くの民が弊害を受ける。

坂の上　もちろんそうですね。政治をやるなと言っているわけではありません。しかし、政治だけに頼ってしまうと、自分が主体的にやろうとしないから言っているのです。例えば、○○先生、お願いしますとか、特定のリーダーや特定の人に頼って、あとは何もしないという人がふえたのでよくない。自分がかかわって一緒にやっていく分にはいいと思います。

最終的には、ワクチンを義務化させないとか、そういったことは政治でやっていくしかないけれども、政治を変えるのにかかるおカネと労力を考えたら無理です。滅びが来ています。10年ぐらい時間的余裕があって、しかも、ＴＰＰの前だったら、私もそんなことは言わないのですけれども、ＴＰＰが締結されていて、日本の国会議員が国会で制定した法案よりも、グローバル企業の出したインチキな協定のほうが上なのです。そうしたときに、あまり意味ないよということです。

例えばワクチン義務化についても、そのワクチンがグローバル企業の儲けネタなわけです。彼らは打ちたいわけです。絶対やってきますから、そのときに政治で変えられますか。変えられませんよ。ほとんどの政治家は買収されていますよ。製薬会社から、たぶんどの党も、どの政治家もおカネをもらっていますよ。子宮頸がんワクチンのとき、そうだった。だから、あれだけパーンといったのです。そういうのにつき合って、例えば私が一人で国会に行って、ワクチン反対と頑張ったとしましょう。疲弊するだけです。だから、私に活動させたくなかったら、国会議員にしたらいいのです。何もできなくされてしまう。

ＴＰＰが締結した段階で、日本の独立性は終わっているのです。この国は独立国ではありません。植民地ですから、政治で変えることは無理なのです。今やろうとすれば、血を流すしかない。しかし、血を流す覚悟はありますか。ないじゃないですか。11カ国に対してＴＰＰを脱退しますと言ったら、ボコボコにされますよ。

カモネギの日本を手放してくれると思いますか。無理です。だから、ＴＰＰだけはやってはいけなかった。しかし、安倍がやってしまったんです。だから、私は彼を本当に許せないと思っています。

行く行くは日本の教科書に、極悪非道な史上最低の男と書かないといけないと思っているんです。いずれにしても、今の日本の多くの若い人たちから未来を奪いました。

でも、そう言ってもしようがない。この国は奪われて、これから崩壊寸前のところまで行くでしょう。それを政治で止めようと思っても時間がないんです。そのためには政権交代しなければいけないです。政権交代して総理になるのに、どれだけおカネがかかると思いますか。法案を1個通すのだって、派閥を買ったりいろいろしなければいけない。そのおカネを誰がくれるのですか。結局、そうやってみんなボロボロになっていって、最後は志も忘れてしまうのです。

私だって政治家になったら、そういうコースを歩むかもしれませんよ。初めは志もあったんだけれども、カネ集めと票集めに疲れ果てて、本当にできなくなってしまうかもしれない。

そこまでして法案を通したとして、今度はTPP協定が立ちはだかります。そこの利害に抵触するものだったら、国会でせっかく通しても、サヨナラなんです。たった3人のグローバル企業の社員が決められるんですよ。株式会社が日本を支配しているのですから終わりです。タイタニック号がもう沈んでいる。未来がないんです。未来があると思っているから政治で頑張ろうとするんだけれども、TPPの前だったら政治で頑張れた。TPP

の前に皆さんがもう少し立ち上がってくれてさえいれば日本は変わったんだけれども、そのときに立ち上がってくれなかった。

私は9年間、ずっと闘ってきましたよ。だけど、そのときに誰がサポートしてくれましたか。ごく一部の保守の人たちがいたけど、彼らも全部逃げて、安倍側についてしまったのです。保守派で最後に残ったのはたった一人、私だけですよ。誰とは言わないけれども、虎ノ門ニュースなんかに出てくるような結構大御所で有名な先生方がいっぱいいるでしょう。ああいった方々は中国の批判はするけど、TPPの批判とか安倍の批判はしないじゃないですか。アメリカのこともちゃんと言わないじゃないですか。ワクチン反対も言わないじゃないですか。私から言ったら偽善者です。だから、本当の保守は日本にはいない。私は、彼らが日本を売ったと思っています。

だから、TPPが締結された最後の日に、そのとき、山田○○先生が横にいたんだけれども、そんなことをしても意味がないことはわかっていますが、私は衆議院議員会館に向かって、「あなたたちは今、忙しいのかもしれないけれども、このTPPの協定が、今、目の前の国会で決議されようとしている。あなたたち国会議員にとって、これを止める以上に必要な仕事がほかにあるのか！」と、メガホンでかなり大声で叫んでいたわけなんです。それもあって嫌われているんです。

いずれにしても、政治で日本は変わらないというのはそういうことです。TPPになっているから、制度的に変えられないんです。脱退するしかない。でも、できないでしょう。日本国内の法律が、TPPに合わせて280ぐらい変えられている。TPPになっているから、水道民営化の話も、種子法の話も出てくるわけです。TPPにならなかったら出てこなかったんです。日本はもう独立国だと思ってはいけない。ここは大きな強制収容所です。これから徐々に殺されていくだけです。だから、脱出しないといけない。

「私、スピリチュアルだから、そんなこと考えられないの。私は愛と平和と光に生きるの」なんて、バカを一生言ってろよという感じです。宇宙人が救ってくれるとか、どうしても自分で立ち上がらないんですね。誰かにやってもらおうとするんです。ずっとそうです。最近は、宇宙人やシリウスまで行っちゃったから、シリウス星人、金星人が助けてくれるそうです。ああ、そうですかという感じです。

どうしていつまでも自分たちのことを自分たちでやろうとしないの。あなた、そんなに頭がパーなの。そういうことを「日本病」といいます。私の本にも書きました。それが日本がダメになった原因です。自分だけ安全パイなところにいて、何もしなくて、「坂の上さん、頑張ってくださいね。山本太郎さん、頑張ってくださいね。〇〇さん、頑張ってくださいね」。最近は「シリウス星人さん、頑張ってくださいね」なんです。何を言っているんだ、バカ。おまえが頑張れ。
こういうことを言うと嫌われるんですけれども、本当にそうです。自分のことを自分で助けようとしない人を、何で我々が助けなきゃいけないの。それをやる人だけがはこぶねに来てくれたらよくて、乞食みたいな人は来なくていいよという話です。言葉が汚くて大変申しわけございませんでした。失礼いたしました。

ルシファーについて①

質問者C　ロスチャイルドの究極のゴールは、この地球を滅ぼしたり、あるものに変えたいのでしょうか。その裏にはルシファーがいる。人間もルシファーも、みんな神の創造物ですね。

坂の上　ロスチャイルドと話したことがないからわかりませんけれども、彼らがルシファーを拝んでいて、ルシファーから力を得て今の地位になっていることは間違いないですね。悪霊たちは人間の体を乗っ取って、自分がそこに入ってやりますから、ああいうえげつないことができるわけです。幼児を殺して血を飲むとか、考えられないことをするわけです。

なぜなのか。それは、悪霊たちが「血」が好きだからです。特に、人間を殺して、生き血を飲むことが好きなのです。だから、戦争を起こしては、血を流させて喜びます。あれは人間に悪霊が入ってしまっている。

でも、ルシファーはちょっと違って、ルシファーはああいう儀式は大嫌いだと私には言っていました。彼は、ああいうのは喜ばない。なぜならば、「これを見よ。私は美しいのだ」と言っていました。神に宝石を全身にちりばめられてつくられた。ルシファーは、「私は後悔している」とずっと言っていましたね。「神のもとに帰りたい。でも、私は許されない。なぜならば全てをわかっていて裏切ったから」と。

ルシファーがやっているというよりは、ルシファーの配下にめっちゃすごい悪霊軍団がいるんですよ。そういうのがバチカンや、何とか騎士団や、ロスチャイルドや、アメリカ政府や、日本政府の上にいて、統治している。

彼らの次元は3次元までです。3次元にいると彼らの支配下だから、5次元に行って、5次元で愛と平和に基づいた新しい世界をつくらなければいけない。しかし、そこに行ける人間は利他の愛を実践する人と、天の願った社会をこの世につくりたいと心から願う人で、人間の浅ましさや、おぞましさや、残忍さや、愚かさや、弱さを心から悔い改めて、That's enough（もう十分だ）、新しい世界に行こうと心から思った人です。

私たちも、ロスチャイルドとかビル・ゲイツのことをあまり非難ばかりする必要はないと思います。というのは、彼らも彼らで悪役を買っている可能性があるわけです。大宇宙の意思はそんなバカではありません。彼らなんか殺そうと思ったら一発でできるけれども、なぜ生かしているのか。天の意思に反した日本病の人間たちを中心に、大淘汰をするのが目的だからです。彼らだって使われている駒の一つにすぎない。私がはこぶねをつくるのと一緒で、彼らはウイルスをばらまくという役をやっているんです。

彼らは彼らで自分たちの役をやっているだけですが、私たち一般人がいつまでも他力本願すぎるからいけないわけです。誰かに救ってもらおう、誰かに助けてもらおうじゃなくて、自分で自分を救え。それをできる人にならないとダメだよ、5次元に行けませんよ。幾らシリウスがどうとか、どこどこのUFOがどうとか、愛だ、平和だ、何とかだと言ったって、自分の魂のレベルがそこに到達していなければ5次元に行けないわけです。

5次元に行くためにはどうすればいいのという法則を私はお伝えしますけれども、本当に無心になる必要があります。自分の中の恐怖に打ちかつ必要があります。これが一番難しいです。人は恐怖に使配されて、正しい生き方ができなくなってしまうからです。

山本太郎さんについて

質問者D　僕は、山本太郎さんのYouTubeをいつも見るのです。イスラエルがガザ地区を空爆する際に、病院などの施設は武力勢力の人たちが逃げ込みやすいということで、病院も空爆しちゃう。イスラエルに対して、そういうことはけしからぬと発言するとか、あの人は世界のことをよくわかっているみたい。僕は期待もあったのです。先ほどおっしゃったように、ワクチンは反対派でないが、推奨しているかどうかはわからない。彼は、今の講義を聞いたら、きっと我々のほうに来てくれると思うのです。

坂の上　私は、すごく心のピュアな人だなと思いますよ。彼がやっている行為は、よく思われようとかそういうことではなくて、本当に弱者に対する愛情というか、人類愛というか、人間が人間を愛するというか、ある意味、ちょっとキリストっぽいところがあるんじゃないかと思う。そういう深い愛情をお持ちなんだろうと思うけれども、あれっというところがやっぱりあるから、政治家としてはどうなのか。

マザー・テレサみたいな慈善活動家だったらすごいなと思うし、たぶん名を残されるのかもしれないけれども、一国の総理になろうという人が、竹島をあげちゃいますとか、そういうことを気軽に発言してはいけない。あの下には、純度の高い、すぐにエネルギーに使えるメタンハイドレートが眠っているのです。排他的経済水域だし、漁業権だってあるでしょう。いったい何を言っているの！　尖閣も中国にあげちゃう。ふざけるな。そういったことはダメだ。

外国人にも生活保護を。外国人にも参政権を。ここは絶対ダメです。許せない。やっぱりそこは私は保守なのです。

同じ反グローバリズムでも、向こうは左翼で、こっちは保守だということで、その違いは明白です。でも、人間としては、私は山本太郎さんを尊敬するし、あの人の愛情はホンモノだと思うし、人々への愛情があるのはよくわかります。だから、逆にちゃんとした参謀がつかないとダメだなと思う。特に経済のことと、金融のことと、裏社会のことや世界の真相のことは全部つながっているので、もっとちゃんと勉強しないと、とても政治なんかできないと思います。

でも、わかっているからできるわけではないので、一番大事なことは、神に選ばれている人かどうかです。私はそこはわからないけれども、お話ししてみたら、たぶん一部のところではずっと平行線でしょうけれども、距離を置きながらも握手できる関係にはなれると思います。なぜならば、彼は純粋だから。打算でやっていないからね。

ただし、彼の周りにいる人が、心も財布も貧しい人、あるいは、偏った変な人ばかりじゃないですか。明らかに彼を利用しようとしている。あれはダメです。

質問者D　それはある。

坂の上　わからないですけれども、彼が選んでいるのだから、いいじゃないですか。私は、人のことをどうのこうの言うほど大した人間ではないから、そんな立場にないし、言えないですけれども。

ただ、一生懸命頑張っていただきたいなと思うけれども、外国人参政権はダメです。そんなことは当たり前です。

ワクチンをなぜ拒否しなければいけないのかというのは、裏社会の歴史がわかっていたら当たり前なんですけれども、それをわかっていないということはたぶん基本的なことがわかっていないのかなという感じがします。そうだとすれば非常に厳しい。

でも、基本的なことがわかって政治家になっている人なんか誰一人いない。官僚もほとんど知りません。だから、怖い。本当はそんな人たちが天下国家や政治を語ったり、政策をつくる現場に行ってはいけないんだけれども、そういうことを大学で教えないから、本当の敵がわからず焦点がずれてしまうのだと思います。私の講演のビデオでも見ていただければわかるのにと思うのです。

見て、「ハハーン、またバカが何か言ってるな」ぐらいに思ってしまうのかどうか。ちゃんとわかってさえくれれば、それを踏まえて、いい政治をしていってもらいたいなと思うのです。それがわからなければ、目隠しされて、手足を縛られながら、地雷だらけの暗い森の中を、地図もなく一人で歩かされるようなものですよ。必ずどこかで爆破するじゃないですか。それが見えるから、ちゃんとした参謀がいなければいけないなと思います。

ニセキリストについて

編集部　質問が来ています。

聖書に、ニセキリスト、または反キリストと言われる人物が登場するとありますが、その辺の情報がありましたら教えてください。

坂の上　今日、その辺のことを話そうと思ったけれども、話せなかったです。すみません。

すごくいい質問なので、ちょっと語らせてください。

今、ニセキリストがたくさん出ていると思いませんか。具体的に固有名詞を出すのはいけないと思うので言いません。懇親会のときに言おうかなと思っていますけれども、記録に残る形では言わないほうがいいと思います。

私とか、例えば中丸薫さんとか、そういった方々は結構年季が入っているわけです。最近でなく、何十年前からずっと同じことを訴え続けてきているわけです。そういう知識の層があって話しているのです。

ところが、最近は、そういった人たちが言っていることを簡単にかいつまんで、よくわかっていないんだけれども、YouTubeでバーンと言って、再生数だけ上げてお小遣いを稼ごうみたいな人もふえたり、私もちょっとびっくりしましたけれども、Qアノンの情報を流しておカネを取ったり、あるいは陰謀論――陰謀論という言葉は私が始めたときはなかったですけれども、坂の上零とか、いろんな方々が言っているようなことを言って、結構なおカネを徴収している人たちも出てきています。こういうのは、私から言わせればちょっと火事場泥棒的な感じがします。

なにがしかの役に立っていればいいなと思いますが、一ついけないなと思うのは、私はテレビを見ないのでわからないのですが、Mr.都市伝説の関暁夫さんは、私は気持ち悪いなと思います。あの人の周りにいる人たちも気持ち悪い。

　言っている内容が、10のうち9ぐらいまではそうだなということを言うんです。「古事記」や「竹内文書」や、そういったものまで引っぱり出してくる。こういったものは、浅はかな知識で語ってはいけないことです。小泉芳孝さんとか、ものすごくちゃんと研究してきた人がいるわけですよ。こういった方々のYouTubeやビデオで見たことをちょこちょこと語って、自分の言葉のようにして言っているだけだけど、知識が浅いから、自分のものになっていないわけです。宇宙人ちゃんねるのコウジもそうです。悪いけれども、自分たちのYouTubeのカネ稼ぎのためにやっているとしか思えないんです。

　ただそれで終わっていてくれたらいいけれども、マイクロチップを埋め込むことが第7の何とか、脳を覚醒するんだとか言う。うちのチャンネルＺＥＲＯは彼らほどの再生数がないからしようがないですけれども、私はあの二人に対して、「誰がそんなことを言っているんだ、バーカ。ふざけんな。私の前に出てきて言いやがれ、こら」と本当に言いたいですよ。こういうことは許せない。あの人たちの影響力で、どれだけの人がだまされてしまうかわからないじゃないですか。

　しかも、不届きにも、ちゃんと研究もしてきていないのに、天皇家のことや、ＹＡＰ遺伝子のことや、どこかからかじった知識だけで、しかも、ワクチンを打つ方向に持っていくのはどういうことだと思うんです。こういうのをニセ予言者というのです。

YouTuberが小遣い稼ぎで再生数を上げるために、いろんな人から情報をパクって、それを上げてくる分には別に構わない。今、そういう人ばかりです。最近出てきた人は大体そうです。全部誰かの受け売りです。それで再生数を上げて稼ぎましょうという人がふえました。また、わけのわからない人たちが、そういう人の追っかけじゃないけれども、あっちにフラフラ、こっちにフラフラ行くんです。本当に人間は愚かだなと思います。

しかし、愚かで済まないのが、人を誤誘導することです。それを関暁夫さんにすごく感じる。彼はニセ予言者です。そういったところに追従しているコウジもニセ予言者かなと勘ぐってしまいます。

ああいうレベルの人たちでなくて、もうちょっと高い次元のニセ予言者もいます。マイトレーヤー、こういったのも本当にそうかどうかわかりませんよ。とにかく気をつけてください。

大事なことは、あそこに救世主がいる、あそこにマイトレーヤーがいる、あそこに○○がいるということではないんです。

第2部で、その話をちゃんとしますけれども、自分自身が聖なる人にならないといけないんです。誰かの追っかけをするのをそろそろ卒業してください。もう十分学んだじゃないですか。今度は自分が人を助ける側に行かなければいけない。自分が自分の足で立たなければいけないわけです。

そのときが来ているのに、いつまでたっても坂の上零が、ベンジャミンが、リチャード・コシミズがとか、違うから。そうでなくて、自分が聖なる人になっていかなければいけないですね。自分がミニ・キリストになっていかなければいけない。そうなってきたときに、ホンモノかニセモノかは一発で見抜けます。見抜けないのは、その人と同じレベルなんです。

私は、666をつけられるところから一人でも多く救いたいなと思っているわけで、はこぶねもやっているんですけれども、あの方々は自分たちの知名度を使って、そういったところに若い人たちを誘導している。

彼らが使っている「竹内文書」や「古事記」の話や、日本のYAP遺伝子の話や、そういったことは事実ですよ。でも、それは彼らの知識ではない。ほかの専門家たちが一生懸命ずっと研究してきたことを受け売りで言っているだけ。実際にちゃんと議論したらすぐ論破できますよ。だって、知識の幅がすごく狭くて薄いんだもの。でも、論破するのが目的じゃないからいいんですけれども。

再生数を稼ぎたいのでネタにする分には構わないけれども、それを使って無知な人々を信頼させて、10のうち9まで正しいことを言って、最後の1でひっくり返したら、ルシファーじゃないですか。彼のよくやる「だましの術」です。これをしてはいかぬ。これがニセキリスト、ニセ予言者です。

最近、変な宗教まがいの人にも、ニセキリスト、ニセ予言者みたいな人が多いですね。私が救世主だみたいなことを言う人は気をつけたほうがいいと思います。私はそういうことは言っていませんからね。私は確かに天命を与えられてはこぶねをつくっているけれども、救世主ではありません。一介の人間です。

だから、皆さんと一緒に私も5次元に向かっていかないといけないし、一緒に新しい世界をつくっていきたいと思っています。私も泣いたり、笑ったり、怒ったり、悲しんだりしますし、絶望を感じたりしますし、特別な人でも何でもないわけです。

私は救世主だと言う人に気をつけてください。私は神から秘技を与えられているとか、私は神と話せるとか、私について来なさいとか。そうかどうかわかりませんからね。本当にそうだったらわかります。そうではきっとないので、わからないのです。低級霊も悪霊も天使や、神だと偽って人間をだまします。手品をしたから、神の啓示だということはありません。

自分が神とつながっていないとわからない。神とつながっていれば、神とつながっている者同士、わかります。たとえその人と言葉が通じなくても、たとえその人と宗派とかいろんなものが違っても、たとえその人が子どもであってもわかります。そういうものなんです。

これからは親子であっても分かれていってしまうかもしれない。夫婦であっても分かれていってしまうかもしれない。なぜならば、666をつけるかつけないか。これぱっかりはしようがないです。どれだけ説得しても、つけるんだったらしようがないです。子どもだから、妻だから、愛する人だから何とかしたいと思っているのに、悲しい結果になることもあるかもしれない。

この時期を乗り越えて、逆に言えば、すごい新しい時代をつくっていける大チャンスでもあります。

今、古いものがどんどん崩れ落ちていって、新しいものが芽生えてきます。新しいものをつくるのは、ほかの誰でもない皆様一人一人、私たちです。

「新しいものができるんだ。わー、よかったわ」と、他人事じゃないんですよ。あなたがつくるんですよ。あなたがつくらなかったら、誰もやらないんです。いつまで他人事でいるんだという感じです。自分たちでつくる。それを私は言っているんです。

各地域ではこぶねコミュニティーをつくってもらって、各地域を地上天国の模型にしていくということです。それは特に政治家にならなくてもできます。

　一生懸命やっていると、必ず天の後押しが来ますから。本当ですよ。何かのときに、何か知らないけど全てうまくいくようになります。何だかわからないけど健康に恵まれたり、何だかわからないけど窮地をしのいで助けてもらったり、何だかわからないけどパーンと答えがわかったり、自分がこの人に会いたいなと思った人と出会えて、うまくいったりする。

　うまくいくためにやるんじゃないけれども、大宇宙の意思と本当にバシッとつながれば、自分が願うことが神が願うことと一緒になってきますから、自分の私利私欲のために生きないんです。その人が願うことは神様がしたいことなんですよ。神の願いなんです。だから、トントンといくようになります。自分を捨てれば捨てるほど、自分のエゴや、私心や、汚らしい我欲がなくなればなくなるほど、物事が自由でスムーズになります。これは私が経験しているのでわかるんです。

　しかし、もし私が自分の願うほうにしかやらないんだみたいになっちゃったらダメですよね。私は、ある意味、私心がないので、恐れもない。恐怖から解放されたらほとんどのものが怖くない。楽ですよ。恐れるものがないんだから、何も怖くない。せいぜい殺されるぐらいじゃないですか。私は殺されてもいいなぐらいにしか思っていないんだから、早く神のもとに帰りたいから、どうぞウエルカムです。暗殺？　それ、いいねみたいな感じで軽いんです。

せいぜい私の命を奪うことしかできない連中でしょう。別に私は奪われたっていいと思っている。だって、美貌も陰ってきたし。さっきデブだからがっかりした、3年前の美しさはどこに行ったんだと言われちゃった。じゃ、今から朽ちてババアになってしまうよりは、きれいなうちに死ぬかみたいになっちゃうじゃないですか。

そう考えたら、何もここに固執することはないんですよ。神とつながれば本当に強くなる。だって、肉体を持っていなくても私はいますし、私の人生がなくなるわけではないし、私は神のもとに帰れるのだから逆にうれしい。早く殺されたほうがいいのになと思っているぐらいですけれども、なかなか殺していただけない。待ってるわみたいな感じです。

ルシファーについて②

質問者E　神とルシファーの話が出てきましたけれども、ルシファーが神の創造物であるならば、愛のある神からつくられたルシファーが悪魔に行ってしまうのは矛盾が生じるような気がするんですけれども、その辺の考え方はどのように思ったらいいでしょうか。

坂の上　ルシファーがやったことがあまりにも罪深いものですから、そう簡単にお許しはいただけないですね。しかしながら、いつかはルシファーでさえも許されるときが来ると思います。彼は悲しみ、もがいてきましたから。

本当は彼が悔い改めて、一緒に5次元に行きたいし、一緒に地上天国をつくっていければ一番いいなと思います。この世の中で一番傷ついたのは、神とルシファーです。ある意味、ルシファーは神の涙かもしれないと思います。ルシファーは、そんなに悪いやつじゃないんですよ。結構きれいな心もあるんですね。神からつくられたんだから、あるに決まっているじゃないですか。

ルシファーは、彼につき従ってくる人たちを心底軽蔑しています。魂を差し出すことと引き換えにあなたの力をくださいと、名前は言えないけれども、いろんな人が頼んでくるそうですよ。彼は与えてやるんです。でも、ちゃんと魂をとりますからね。

魂を取るというのはどういうことか。その人の中に悪霊が入ります。昔のその人に戻れない。ルシファーに頼まなければ、ルシファーは何もしない。ルシファーは誘惑はしますけれども、その誘惑に乗らなければいい。

私は乗ったことがないので、対等なのです。彼を崇めないから。彼を利用もしないしね。

私が彼の力を得て何か私の野心を達成したいと思ったら、私も同じです。でも、あいにく人間に絶望しているし、世の中の全てがむなしいので、私はそんなことに価値を感じないのです。世界の全てを手に入れて大金持ちになっても、So what? なのです。そんなの全然楽しくない。

私は既にマハラジャさんの世界を経験している。また、いろんな金持ちの世界を経験していて、こんなにむなしいものかと思う。それなら、みんなと楽しくやったほうがいいし、私は、油絵を描いたり、小説を書いたり、ピアノを弾いたりしているだけで十分幸せで、それにはそんなにおカネがかからない。何百億円、何千億円と要らないから、私にそれだけのおカネがあっても、たぶん全部人々のために使って、はこぶねを全世界につくって終わり。私はぜいたくしない。一文なしになって死ぬと思うんです。それでいいと思っています。

私はインドにいたときに本当にそういうことを学んだんです。

インドの母、マハラジャから聞いたんですけれども、アレキサンダーがインドに攻めに来たんですって。そのときに、インド人の物乞いのような人が、アレキサンダーの前で1歩ほどの幅をピョンピョンと跳んで彼を遮る。邪魔だから家来が彼を殺そうとしたのですが、アレキサンダーはこの人は何かを教えているんだなと思って、彼に「何が言いたいんだ」と聞きました。そうしたら、「あなたが寝るのにどれだけの面積が必要だ。これだけでいいじゃないか。あなたがお腹いっぱいになるのにどれだけの面積が必要だ。これぐらいでいいじゃないか。あなたはあちこちの国を征服してきた。それでも飽き足らずにインドに来て、ここを征服しようとしている。しかし、あなたに必要なのはこの面積だけじゃないか」と言った。

そのときにアレキサンダーは悟ったそうです。「確かにそうだ。自分がやってきたことは何だったのか。この国から撤退しよう。この人たちに勝てない」とむなしくなって帰っちゃった。その物乞いらしき人が、天下のアレキサンダー軍を血を流さずに追い払ったわけです。

人が生きていくのに、それほどめちゃめちゃなおカネと面積は必要ないんだから、みんなで楽しくはこぶねコミュニティーのビレッジをつくれば、もっと楽しいよねという話です。

5次元の発想と3次元は全然違うのです。

3次元だったら、私はあれもして、これもして、これだけは捨てられないとかあったんでしょうけれども、既に人間の世界はむなしい、ここにいたくないと心から思っているから、あまり欲がないですね。おいしいものも食べて、好きなこともして、もう十分です。

一つだけ欲があるとすれば、いい音楽を聴きたい。すばらしいジャズのライブとウィーンフィルのニューイヤーコンサートに行きたい。それだけですね。

ワクチンについて

質問者F 現政権は、ワクチンにマイクロチップが入っていることをわかっていて義務化していくんですか。

坂の上 わかっているけれども無視するんでしょうね。アメリカとイギリスからのワクチンがうさん臭いですね。日本のワクチンだったら、まだそうでもないでしょうけれども、富士フイルムのはやめたほうがいいかもしれません。社名を出してはいけないけれども、ビル・ゲイツちゃんから依頼されて大量生産しているから、その可能性はあります。

ロスチャイルドたちの目的はＡＩのもとで一元管理するためだから、当然全ては我々にマイクロチップを埋め込むことに帰着するのです。ワクチンは、恐怖を与えてしまえば多くの人に一気にダーンと入れることができるので、一番いい方法です。

質問者F　知っている政権の人たちは、逆に打たないかな。

坂の上　知っている人は打たないんでしょうけれども、残念ながら、今回は国家公務員からやられます。医者も、公務員たちも、政治家も、全員殺そうとしているんです。入れたら終わりです。人間でなくなります。

質問者F　ワクチンばかりに注目していますが、次から次に、つてを考えて、例えば飲み物に入れるとか。

坂の上　もちろん入れてきますよ。いい質問です。

食が危ないと言っているのはそこで、特に卵。鶏の餌《えさ》は既に遺伝子組み換えでひどいのです。うちはそんな卵を売っていませんが、一般の卵はあれっというのも結構ありまして、そういった家畜の餌の中に既にワクチンの成分を入れてきたり、家畜にワクチンを打って、それを食べた我々に間接的に入ってくるみたいにはなっています。

ただ、マイクロチップはちゃんと入れないと入らないので、注射か、シールみたいなものをピッと貼るか、あるいは、ビル・ゲイツは頑張って蚊をつくっているらしいです。蚊をつくって入れようとしたり、何が何でも入れたいわけです。

ですから、ワクチン義務化というのは絶対に来るでしょう。これに関しては、我々は本当に国会を取り囲んで反対しないといかぬと思います。私はやりますけど、誰も来てくれなかったりして。一人でもやります。

では、どうしたらいいのか。第2部で、具体的に、5次元に行くとはどういうことか、血を流さずに勝つ方法をお話ししてみたいと思います。もともとの第1部のテーマ、ＡＩで職業がなくなる時代にどうやってサバイバルするかというところが抜けましたので、それも第2部で、やってみたいと思います。それよりもワクチンのほうが大事ですからね。

ご清聴どうもありがとうございました。（拍手）

2017
Angel Bank

第2部

ルシファーを超える

坂の上　零

ルシファーシリーズ　第2回

崩壊する貧困奴隷社会から地上天国をつくる方法
未来に希望を見出したいなら
「君、聖なる人になりなさい！」

時・2020年7月5日（日）

所・ヒカルランドパーク

Part 6
君、聖なる人になりなさい！

聖なる人が5次元の社会をつくる

今日は日曜日だというのに、皆様わざわざお越しくださいまして、本当にありがとうございます。

私は、太りましたが坂の上零です。びっくりすると思います。私もびっくりしておりま す。こんなオーガニックの農業をやっていながら、なぜか揺れる二の腕になってしまい、普通の服が入らないからムームーみたいな服しか着られなくなってしまいました。

第2部は、第1部やほかの講演とはちょっと違いまして、私自身もとても緊張していま す。といいますのは、私もびっくりという感じで、「君、聖なる人になりなさい！」という、とても偉そうなタイトルがついております。ゆえに、これはただ、今の現状を知ってもらう、そして、これから何が起こるのかというだけではありません。本当にこれからあまりにも大変なことが起こります。

しかし、乗り越えていく方法もあり、解決法もあります。そこに行くためには、どうしても私たち自身が気がついて変わらないといけないという大きな関門があります。今日はそのことについてお話ししたいと思います。

そのことについて話す人がほとんどいないのです。例えばフリーメイソンがどうだ、ロスチャイルドがどうだ、軍産複合体がどうだ、あるいはコロナがどういうものであったか、3・11や9・11が自作自演であったとか、こういったことに関しては皆さんもよくご存じだと思いますが、真相を知ったからといって何になるのかという話です。何の解決法にもならないです。解決法は、第1部でも話したとおりです。

そこに行くまでには私たち自身に課せられる大きなチャレンジというか課題があります。その一番最初に来るであろうことは、今年末から来年のワクチン義務化です。このワクチン義務化だけは、私たちはどうしても拒否をしないといけないわけです。なぜ拒否しないといけないかというのも第1部で話しました。

そのワクチン義務化を拒否するのと同時に、それが一つの踏み絵になると思いますが、その先、どういう社会をつくっていくのか。そして、それができるだけの人間に私たちもならないといけない。一言で言えば、どういった人が次の5次元の社会をつくれるのか、次の世界の住民になれるのかという偉そうな話をこの第2部でしないといけないのです。だから、私もとても緊張しています。というのは、「おまえは何様だ」ということになるわけですね。今の現状をこうですよ、こうですよと述べることはできるでしょう。ただ、こういった人が次の5次元の世界に行きますよ、こういった人が救われますよという言い方は、私も本当はしたくないです。なぜならば、私も泣いたり笑ったりする、一介のただの人間だからです。しかし、これはどうしても避けて通れないことなので言わないといけない。私は普通の講師と違うものですから、今回は、聖なる人でない私が聖なる人の話をしないといけないので、お祈りから始めたいと思います。

大宇宙意思の源の神よ。私のような小さな者があなたのお心を語るなんておこがましいです。今日ここに集まってくださった皆様、このカメラの向こうにいる全ての皆様、これからこの書籍や動画を見るであろう全ての方々が、これを見て、私を見るのではなく、あなたの真意を感じ取ることができますように。そして、あなたの御心《みこころ》、あなたの言いたいこと、あなたが人類に伝えたいことを、誰にでもわかりやすく伝えることができますように私を導いてください。

もし私が間違ったことを言ったなら私を罰してください。できるだけ忠実に真実を語り、自分の考えを入れないようにしようと思いますが、もし私が間違ったことを言っていたら、すぐに教えてください。すぐ訂正します。

私の今日の講演を、私の意思ではなくあなたが導いてくださり、あなたが私を通して語ってくださいますように、どうぞよろしくお願いいたします。

ありがとうございます。

ということで始めさせていただきたいと思います。

AI統制時代に残る仕事

第1部のテーマは、AI統制時代に職業が消滅していきますよ、ということで、その中でどういう職業が残るのかというところだけ言いそびれていたので、ちょっとだけそこを補足します。

AIと金融崩壊で職業が消滅する時代、つまりこれからですが、これから残っていく仕事の中でも中核を占めるだろうと思うものは、1にIT技術関連。当たり前ですね。

そして、2にSEやホームページ作成やショッピングサイト作成・運用、3に動画の制作や編集といったものです。

あと、4ですが、AIを使ったマーケティング。ビッグデータの活用とかそういったことになります。効率よいマーケティングです。

5は、手を使う仕事。どんな職業でも浮き沈みはありますが、手を使う職業は残ります。つまり美容師、手術をする医者といった方です。しかし、医者も衰退する職業の中に残念ながら入っています。なぜならば、もうとんでもない時代になっていて、プラズマ技術とか細胞再生治療が現実に起こってきておりますので、今の古い医療はどんどんなくなっていくということです。これは化石燃料に頼るエネルギーもそうで、どんどんフリーエネルギーに変わっていくだろうと。

6は、クリエイティブで特殊なアイデア、発明です。クリエイティブな人間しかできないことはAIじゃなくてやっぱり人間。新しいものを生み出すということですね。

7は、食料生産です。我々は生きていかなければいけないからです。

8は、物流です。人間がいる限りは、必ずモノが動きますから物流。

9は、3D関係です。例えば家とかも、私はそういう社会はイヤですけれども、簡単にプラスチックの模型のような家を3Dみたいなものでつくってしまうことも可能になっています。最悪そういうところで200万とか300万ぐらいの家ができてしまう。エッと言うような感じの家もできるようになりました。

10は、バイオ関係です。

11は、最先端医療や最先端科学関係です。

そして、私どもの経営するエンジェルバンクはIT会社でもありまして、今ホームページの作成とかショッピングサイトの作成や運用という技術も、初級、中級、上級とありますが、初級のほうは、組合サポーターさんであれば無料で教えたり、いろいろしています。手に職をつけてもらうということでやったりしています。

アドルフ・ヒトラー、三島由紀夫の予言は適中しつつある

これから混迷を極めていく時代です。どう考えても技術の進歩がなされて、人間も進歩するのかなと思いきや、人間性は劣化していっているのかなと思います。技術が進歩すればするほど、私たち人間の知性や感性、人格、精神、いろんなものが退化していったような感じがします。

例えば、これは見事にヒトラーが予言していたことですね。あの方は単なる独裁者ではなくて、美術学校は落ちましたけれども、もともとは画家でした。私も絵が好きなので、

彼の描いた絵を見たことがあるのですが、本当にいい絵でした。

私は、戦場にたたずむ兵士の後ろ姿の絵が特に好きだったのです。その戦場にぽつんと立っている兵士の後ろ姿がとても悲しそうで、生きるつらさや苦しみというのを1枚の絵でバシッと描いていました。そういうすごい感性のあるヒトラーでした。

アドルフ・ヒトラーが画家だったことを知っている人はいるでしょうけれども、彼の絵を見たことがないでしょう。すばらしいから、見てみてください。彼は愛人が結構いたんですけれども、全員死にました。彼とつき合う人は全員、不幸になって死んでしまうのです。

だけど、彼の愛人にエヴァさんという人がいて、その愛人の肖像画を彼はナチ党の総督になってからも描いているんです。それを見ていると、本当にこの人はこの女性を愛したんだなという、彼女への思いがキャンバスにあふれています。これだけ豊かな感受性や愛情を持っている男が何であああいうふうになったのか。ワーワーと演説する姿しか知られていないと思うんですけれども、その半面、愛情が深くて、ああいう絵を描くような人だったのです。

私はヒトラーの本を結構読みました。ヒトラーだけでなくいろいろ読んだのですけれども、実は彼は予言者でもあった。三島由紀夫もそういうところがあったのですけれども、今の時代のことを結構的確に予言していました。

ヒトラーがどういう予言をしたか、ちょっとかいつまんで言えば、体だけ大人だけれども中身が幼稚な人間ばかりになり、人類が最後は滅亡すると書いてある。そして、技術の進歩とともに人間の知性は退化して、生きているんだか死んでいるんだかわからないような人がふえる。つまり、私が言う「ゾンビ」になってしまう。彼は「ゾンビ」とは言っていないけれども、そういう感じで書いている。

そして、男が男らしくなくなって、女が女らしくなくなる。女がバカになって男がフヌケになっていく。徹底的に、まことや愛、人間の知性といったものから遠い社会になってしまうというようなことを書いています。本当にそのとおりになっているなと思います。

三島由紀夫も同じようなことは言っていますね。彼は世界に対してというよりは、日本に対して言っていますけれども、ヒトラーも三島由紀夫も、この時代に、そしてこれからの時代に生きていなくてよかったなと思います。というのは、彼らが言ったとおりの大変な時代になっていくわけです。

人類はこれからどこに向かっていくのか。結論から申し上げまして、崩壊と滅亡以外のどこにも向かっていません。これからどんどん技術革新をすればするほど、崩壊への速度が速くなるだけです。

本当は新しい技術はできています。

フリーエネルギーだって、私が知る限り、9個もできていて、それを活用すれば、我々は原発に頼らなくてもいい。ほとんどの人は、そんなことあるか、ウソだ、そんなの日本やアメリカ、そういう先進国の電力を賄えるほどないじゃないかと言いますが、そんなことはありません。賄える技術は、もうできています。

プラズマだってできているし、ＮＤＡ（秘密保持契約）を交わしていて、あまり言ってはいけないのですけれども、重力で自動的に回るようなものやいろいろなフリーエネルギーができています。

その最先端技術を発明した科学者たちのほとんどが日本人です。

だから日本人は、これだけひどいものを食べさせられて、これだけいじめ抜かれてフヌケにされても、やっぱり優秀なのです。私もある発明をしているところなんですけれども、本当にすばらしい発明をし、人類の進歩や技術革新に貢献しているのが日本人です。

余談ですけれども、本来であれば日本が世界を席巻していたすごい技術はいっぱいあります。でも、それがことごとく潰されてきました。

なぜならば、例えばこれから先、今からの時代、どうしてもＩＴ化が必須になります。全てインターネット、ＡＩで管理されるようになりますから、そのときにインターネットをまずアメリカが制する必要があった。

ウィンドウズの話をしているんですけれども、インターネットのOSを日本に開発させるわけにはいかなかった。だからわざわざ民間の日航機123便を墜落させたわけです。あのときに自衛隊が救助に行くのを止めたのは中曽根康弘（当時の総理大臣）さんですけれども、やっぱり知っていたわけです。生存者がいたけれども、口封じに、生存者はことごとく殺されました。

日本では、日本のために頑張ろうとする政治家は結構狙われてきたりしましたけれども、日本で一番狙われたのは政治家ではなくて技術者だったのです。大変な思いをしている技術者は結構いる。例えば水素のリチウム電池の技術をつくった技術者とか、私は結構知っています。私の周りには天才たちが多いです。すごい技術者たちが多いのですけれども、なかなか出てきて話してくれません。

みんな、敵が日本政府、アメリカだとわかっているから、隠れてこそこそやっている。わかった段階で潰しにかかられるから、インドに行って研究をして、インドでそれを出そうとする。

だから、インドへのトップルートがあるエンジェルバンクに来るのです。最先端技術が私どもの会社のエンジェルバンクに集まってくるのですけれども、その中で突出したものも結構あります。もう既に世に出ているものは発表したりしていますけれども、まだ出ていないすごい技術もあります。

はこぶねづくりの中で、単に自然栽培をやっているのではなくて、本当は国策にすべきことなんですけれども、こういう技術を具現化して、事業化して儲けたおカネで、はこぶねビレッジをつくったり、新しい国をつくったりする資金源にしたいと思っています。

三島由紀夫やヒトラーが予言したとおり、今、技術革新は進んでいますが、そういう一部の天才たちは別として、一般の方々のレベルが極めて低くなってきているのではないかと思います。もちろん私も含めてですよ。偉そうなことを言うつもりはないです。

ただ、私たちのおじいちゃん、おばあちゃんたちのほうが、私たちよりも何か人間的にできていたと思いませんか。圧倒的にそうじゃないですか。苦労したからだけじゃないと思います。

恨みを持たない日本人の潔さ

私は昭和の生まれですけれども、小さいときはおばあちゃんに育てられました。彼女は明治の最後の年の生まれで、かなり苦労もしてきて、大阪の空襲では、一人の子と手をつないで、赤ちゃんだった息子をおんぶして逃げていたとき、ちょうど弾が当たって、子どもの首が飛んだそうです。それも気がつかずに逃げていて、どこかでやっと休もうかというときに、通りすがりのおじちゃんに「あんたの子、首ないで」と言われた。慌てておんぶしていた子をおろしたら、本当に首がなくて、死体が半分焼け焦げになっていたという話を平気で、さらっと言うわけです。

そういう経験をしていて、やっと自分の家に帰ったら、家は焼け焦げになっていた。そこにある種の方々がいて、「ここは俺たちが住んでいたところだから出ていけ」と言われたけれども、「ここは私たちが住んでいたところです。この家具だって、あれだって私たちのもの」と言うと、「じゃあ、書類持ってこいや」とか「権利書持ってこいや」と言われた。そんなのないじゃないですか。もう焼け野原でなくなってしまって、役所も全部焼けているんだから。

そして、やくざみたいな男性たちがワーッといて、「何か文句あるんか、コラ」みたいな感じで来るわけです。大阪の一等地です。そこはもう今はパチンコ屋。言っていること、わかりますね。そして、うちのおばあちゃんは泣く泣く子どもを連れてどこかに行くわけです。子どもたちを親戚とかに預けて転々として、戦後は、国鉄で一生懸命働いたそうです。頑張って働いて「はい、20円」とか、そういう世界です。それでも、よく女一人で頑張ってきたなと思います。

一人の子は空襲で逃げているときに失って、もう一人の子は栄養失調で亡くなった。自分が抱っこして、あげるものもなくて、お米をといで、その汁で何とか生かしていたけれども、骨と皮みたいになって死んでしまったという話を結構さらっとします。私のおじいちゃんとかおばあちゃんの時代の東京や大阪の人たちは、こういう地獄みたいな世界を経験している人が多いと思うのです。田舎ではそこまでいかなかったと思いますけれども。

日本人はすごいなと思ったのは、アメリカ人のことを全然悪く言わない。あるとき、私のフィアンセがアメリカ人だったことがあって、おばあちゃんのところへ連れていったのです。そういう経験をしている人だから、彼は嫌われるだろうなと思いました。

ところが、結構ウエルカムで、彼はアメリカの官僚だったのですが、その当時の日本のことを知りたがりました。そして、ちょっと通訳しろと言って、うちのおばあちゃんにいろんなことを根掘り葉掘り聞いた。「B29を見たのか」、「どういうふうだったのか」、「そのとき、皆さんはどういう生活をしてたんだ」とか、全部聞くわけです。あまりにもひどくて、「申しわけない、そんな思いまでしたんだね」と、彼はメモしながら泣き出しました。

それで、今度は戦後です。息子が学校から帰ってくる道で、米兵がチョコレートをバーッとまくじゃないですか。ギブ・ミー・チョコレートじゃないけれども、彼はほかの兄弟のためにそれを一生懸命バーッと拾って持って帰ってくるんだけれども、うちのおばあちゃんは、武士の末裔だったものだから、施しは要らぬとか言う。食べていないんですよ。どれだけお腹がすいているか。本当はそれをみんなに分けたいんだけれども、施しは要らぬ、返してこいと言うわけです。仕方がないから返しに行ったらしいです。そういう話をよくしていました。

そして、それを私が連れてきた前のフィアンセにも話をしていました。彼が「あなたや日本をそんな目に遭わせたアメリカがさぞ憎かろう」と言ったら、「そんなことはない。国と国の戦争だ。アメリカがしたけど、アメリカ人がしたわけじゃない。アメリカとアメリカ人は違う。だから、私はアメリカ人を憎んでいない」と言った。そうしたら、彼がそこで泣いちゃったわけです。ずっと恨みつづけるお隣の国とはえらい違いだなということで、これが日本人の潔さというか、すばらしさというか、恨みをずっと持たないのです。

そのときは仕方がなかった。アメリカも日本もそういう状態だった。国と国の戦いだ。アメリカ人と日本人の戦いじゃない。だから、私たちがアメリカのことを許すも許さないもない。戦争で犠牲になったのはアメリカの人だっていっぱいいたはずだ。つらいのは同じでしょうと。そこで彼がシーンとして、我々はとんでもないことをしたんだなというのがわかったそうです。

気高い心、気高い魂、本来の日本人に戻る

ちょっと前置きが長かったんですけれども、何でこういう話をしたかというと、こういう日本人、うちのおばあちゃんみたいな人は普通の人なんです。特にすぐれた人ではなかった。それでも、普通の人がそういう気高い心、魂を持っていたのです。恨みに恨みを返さないというか、怒りに怒りを返さない人だった。

そう考えたら、明らかに明治時代の人のほうが今の日本人よりもレベルが数段上です。武士だけでなくて、お百姓さんであってもそうです。我々は技術的には開国して、近代化して、進化してきた。今はひねれば水も出て、電気もついて、ディスコで踊って、おいしいフランス料理もいろいろ食べられて、すばらしい音楽も聴けます。

しかし、我々は技術の進歩とともに、精神的、人格的な劣化がかなり起こってきているような気がします。そういったことを3S政策でやられてきたわけですけれども、3S政策だけではなくて、一番の根本は食にあったという話を第1部でしました。

そして、技術革新がどれだけなされていても、これからの時代は破滅にしか向かってい

かない。なぜならば、私たち自身がある意味、劣化していったからです。

安倍政権（当時）、今の日本の政治を見てひどいと思うでしょう。劣化していると思うでしょう。政治の私物化をしたり、平気で国を売ったり、こういったことは明治や昭和初期までの政治家にしたら、恥だったし、やらなかった。

武士たる者、そんなことはしないのです。武士は食わねど高楊枝ではないですけれども、自分の地位やカネといったもののために、自分の同胞や国を売るなんていう恥ずかしいことは絶対しないのが日本人だった。だから、この社会には、うちのおばあちゃんみたいな人が当たり前に、普通にいたのです。そんな国は珍しかった。おそらく日本ぐらいだと思います。

例えば、明治維新のときもそうです。

それまでは武士が時代を牽引してきたわけです。ところが、近代化のために、武士という階級が邪魔になってくるのです。近代化するために、武士たちに「君たちの仕事をなくすよ」と言った。つまり、大量レイオフです。武士の大量解雇が起こったわけです。藩をなくして県をつくり、中央政府をつくった。そういったときに武士はもう要らないわけです。普通、日本以外の国だったらそうすんなりとはいかなかった。一部旧士族による反乱はありましたけれども、ほかの国であればたぶん血みどろな内戦になっていたかもしれない。

しかし日本では、武士たちが、そうか、もう私たちの時代じゃないのか、日本が近代化するために自分たちは犠牲になろうということで、自分たちの既得権益を捨てて、一般の人たちと同じように仕事をいろいろするわけです。もっとも、初めは偉そうにしていて、なかなか「ありがとうございます」も言えなくて、苦労したみたいです。

自分たちが今まで国を守ってきたけれども、自分たちがいることで近代化が妨げられるなら、武士という階級がなくなってもいいじゃないか、それも時の流れじゃないかということで、武士の自己犠牲で新しい明治政府がうまく回っていき、近代化していくわけです。公のために、天下国家のために、ほかの人たちのために自分を犠牲にする。こういう精神が広くあったのは日本だけだったと思います。

イギリス人も言っています。これはイギリスでは起こらない。イギリスでこれをやったら、貴族が大反発して宮殿を囲んでとんでもないことになる。フランスの革命みたいなことになってしまう。

でも、日本ではそうならなかった。武士たちが、「わかりました。私たちは退きます」と言って退いたのです。あり得ないです。こういった気高い民族だった。この精神なのです。この崇高さ、高貴さなのです。私はこれを言いたいのです。

気高い魂も源は日本の「食」にあった

だから、私たちはそこに戻ればいいだけです。もともとそうだった。

しかも、えらい昔の話ではありません。ほんのちょっと前です。私たちのおじいちゃん、おばあちゃんのころまでそうでした。もう一回、そのころの人たちのようになればいいんだと思います。

でも、そのころの人たちは、今私たちが食べるものと全く違うものを食べていたので、たぶんそうだったのですね。私もこんなことを言いながら、アイスクリームが好きで食べていますけれども、コンビニの弁当とかを食べないようにして、オーガニックのものを中心に食べていくようにすれば、たったそれだけで徐々にそういった昔の日本人の精神に戻っていく。それだけの力が食にはあるよということなのです。

今、戻るといっても、まだ戻っていないわけで、今の人たち、私も含めてかなり劣化してしまいました。安倍政権がやっていた政治の私物化や、国を売り渡すような政治をするような人間に多くの人がなってしまいました。安倍さんをかえても、ほかの人がまた同じことをする。

例えば、ロスチャイルドたちやビル・ゲイツの批判をするのも結構ですけれども、私たちが彼らの立場だったら同じことをしないだろうかということです。だって、地位や名誉やカネが自由になりますよ。それでも、私たちは変わらないだろうか。その保証はないのです。むしろ、ここにいる人は変わらないかもしれないですけれども、多くの人たちがわずかなお金で魂を売るようになってしまいました。それが今のたくさんの悲劇の原因になっています。

何が言いたいかというと、世界の真相をどれだけ知ろうが、Ｑアノンが正しかろうが正しくなかろうが、ウソだろうが本当だろうが、そんなことはどうでもよくて、一番大事なことは私たちがどういう人間であるかということです。

私たちの魂というか生き方が劣化してしまったから今の社会は混迷をしていて、地獄社会になってしまった。そして、安倍政権のような腐敗した政権を生んでしまったということになります。私たちが腐敗、劣化しているので、安倍さんでなくなってもまた同じようなものしか出てきません。なぜならば、私たちの映し鏡みたいなものだからです。

自分たちがもう一回、本来の日本人に戻る必要があるということです。そうしたときに、ちゃんとした政権も政治もできるのかなと思います。だから、今の政治の劣化は日本国民の劣化であり、日本国民がそのまま鏡に映し出されたようなものです。批判する人はたくさんいるし、私も以前、そういう批判記事を結構書いていましたけれども、一切やめたのは、私たち自身が変わらないと幾ら批判してもしようがないということと、食を変えなければいけないということに気がついたからです。

そして、これからのチップ奴隷ばかりになる時代。チップというのは、マイクロチップをワクチンとか電子マネーによって人体内に入れられるということです。これを入れてしまう人がこれからふえるのですけれども、こういう中でそれを拒否して、新しい社会をつくっていく必要があります。

じゃ、どういう社会をつくるのか。今日はそのテーマですけれども、天がつくりたかった世界をこの地上につくること。これが私がたどり着いた結論です。

天がつくりたかった世界をこの地上につくっていこうとすること、少なくともその方向に行こうと努力することがこれからの時代の最も大事なことであり、サバイバルするための根幹となる指標ではないかと思います。

大宇宙の源からかけ離れてしまった人間はこの地上を地獄に変えた

では、天がつくりたかった世界とは何か。

一言で簡単に言えば、大宇宙の源の神は地上を天国のような世界にしたかったのです。ところが、天国のような世界になっているでしょうか。いいえ、その反対の地獄のような社会になっていますね。その地獄のような社会は、実は今に始まったことではありません。ずっと前からそうなのです。人間が大宇宙の源からかけ離れてしまっているということがその原因ではないかと思います。

ですから、これからの時代の解決法としては、天がつくりたかった世界をこの地上につくっていくことですけれども、そこに行ける人はある意味セグメント（選別）されてきます。

私は「選別」という言葉も本当は使いたくないのです。救いは全人類のためにある。「大宇宙の意思は愛でしょう。だったら全ての人を救うんでしょう」と、よく言われるのです。もちろんそうですよ。全ての人を救おうと思って手を差し伸べている。

しかしながら、大宇宙の意思は法則でもあるのです。法則があるから秩序や生命体、いろんなものが成り立っているわけです。この法則が法則でなく、めちゃくちゃになったら、我々も存在できません。存在を存在たらしめるために秩序が必要であって、その秩序、法則自体が大宇宙意思の源なのです。

彼と言ったら失礼ですけれども、そのご存在自身が一つのご意思というか法則というか、一つの変えられないゴールデンルールなのです。ですから、それを変えることはできません。私たちがそこに近づくしかないのです。今、人類はそこから大きくかけ離れてしまっているからいろんな問題が起こっていると逆に言えます。

いちいち「大宇宙」と言うのは結構大変なので、「神」という言い方をさせていただきますね。でも、抵抗がある人もいます。「仏」と言ってほしいとか、「〇〇上人」と言ってほしいとか、それはちょっと大変なので、とりあえず「神」と言います。

ただ、この神というのは、何かの宗教ではありません。何かの宗教を押しつけるつもりは全くありませんので、ご安心ください。「大宇宙意思の源」のことを「神」と言っています。

なぜかわかりませんが、神も意思、感情、心を持っています。

そして、神は音楽が大好きです。特に歌が大好きで、美しい音楽が大好きです。私みたいな、しようもない歌でも、しようもないピアノでも、心から一生懸命演奏して神に捧げると、とても喜んでくださいます。神は、皆様一人一人と親しい関係を持ちたいと思っています。しかし、あまりにも遠くなってしまっている。本当は遠くなっていないのです。

私たちは神の中にいるようなものです。だって、全ての物質は神からできているわけですから、私たちは神の中を歩き回っている。物質の根源は神です。

そう考えたら、光も全部、神です。私たちの肉体も神からできているのだけれども、私たちの魂だけが、神の中にいるのにもかかわらず、なぜか神は認識できないのです。だから、あっちにいる、こっちにいる、遠くにいるとかではない。あなたのすぐ横にいるのが神なのです。

それなのに、何で私たちは気がつかないんだろう。それは、私たちがえらくかけ離れてしまっているからです。いわゆる神の周波数や神の思い、神のご臨在のところをなかなか感じられない私たちの魂や心になってしまっている。これが最終的に乗り越えなければいけない壁で、一番難しいところです。

真実をいかに知ろうが、世界の真相をどれだけ知ろうが、最終的な関門がここに来ますから、結局自分自身と対峙することになります。

自分がどれだけ神と離れているのか。最終的にはその神に帰っていくことを選択しなければいけないわけです。そして、そのときが来たということです。今選択しないと次がないよというところまで来ています。

ですから、人工コロナをばらまかれたコロナ騒ぎは、第1部で、ワクチンを強制するためだと申し上げました。これから、またまたその他のウイルスをばらまいてきます。人口を減らすため、そして、私たちの肉体にチップを埋め込むまで。逆に言えば、ここまでされなければ私たちは目覚めないのではありませんか。ここまでされなくて、自分たちから改めて神に立ち返っていればよかったのです。

しかし、食糧難を与えられ、経済危機も与えられ、いろんな災害をこれから与えられるのですけれども、そうやって頭をボコボコにされて初めて、「ああ、これ、そこに行くしかないな」ということがわかる。どれだけ頭悪いの？　という話です。もうちょっと前にわかってちょうだい。そうしたら、こんなに苦労しなくて済んだのに。だから、我々は言うことを聞かない子どもみたいなものなのです。

お母さんが「そのストーブは熱いから、やけどするからさわっちゃいけない」と言っても、ベタベタさわって、やけどしてドロドロになって初めて「熱かった」と言う。「だから『さわっちゃいけない』と言ったじゃないの」と言っても、熱くてやけどしてみないと悔い改められないというか、次のステージに行けない。「お母さんが言っていることは本当だった。お母さんの言うことを初めから聞いていればよかったな」ということになる。

これから人類はそういった、みずからストーブをさわってやけどをして、反省して、やっぱり「お母さんの言うことが正しかったな。お母さん、ごめんなさい」と言うときが来ると思います。

「ごめんなさい」と言わないで、そのままさわってジュワーッと溶けていく人もいます。

それが大半になると思います。しかし、さわってもいいけれども、ワクチンのところだけは行ってては絶対ダメですよ。試していいことと悪いことがありますからね。

Part 7

ルシファーのいない5次元へ行く

今の日本人は、みんなして日本病！

今日は、天がつくりたかった世界を地上につくることが解決法だという話の本質をお伝えします。

そして、そのためには新しい世界をつくる。先ほども言いましたが、現在、日本人だけではありませんで、全世界の人々がそうです。ヨーロッパでもこういう話題になっています。「私たちのおじいちゃん、おばあちゃんのころはこうじゃなかったのに、今の子は……」と、アメリカでも言っています。エジプト時代から言っていたそうで、「今の若者は……」とか、壁画に描いてあるらしいです。だから、ずっと言っていたんだなと思います。

でも、今の場合はそのレベルを超えているわけです。

私たち日本人は、ちょっと前の昭和初期ぐらいまでは多くの人が違った。日本にはサムライの精神を持った人が結構いたけれども、今はほとんどいなくなっているということであります。そのかわりどうなっているかというと、私も含めて全ての人が日本病です。普通の人は日本病と言って間違いないというぐらい日本病がふえてしまった。

日本病とは何か。今日はその話ではないので、私の『死に至る病い【日本病】』に詳しく書いてあります。そして、「私はどんな日本病のタイプなのかな」と詳しく知りたい人は、『日本病脱却マニュアル』を読んで、自分でテストしていただければ、自分はどういう性質があって、どういう日本病なのかがわかって、どういう解決法があるのかというのも書かれています。この2冊は必須かなと思いますので、読んでみてほしいから、今日はこの話はしません。しかし、全ての人は日本病なのです。

3次元で闘うと100%負けます

我々が今いるのは3次元、４次元の世界です。この3次元、４次元の世界で世の中をよくしていこう、これじゃダメだ、もう滝つぼに落ちてしまうということがどんな人にもわかってきたじゃないですか。今わかっていない人は、よほどパーなんですね。救いようがないですよ。今わかっていない人は、あなた、頭は大丈夫ですか、になってしまう。

しかし、前述のとおり、今まではまだ日本も世界も余力があったから、わかっていなくても、大衆に流されてついていってさえすれば適当に食べられましたが、これからそうはいかなくなるのです。適当なことをして流されていたら滝つぼに落ちるだけです。

でも、いっぱいの人がワーッと行くから、きっとこの道が正しいに違いないと言う。そんなことないです。いっぱいの人が間違っているだけかもしれません。だから、自分が行こうとしている道、多くの人が歩んでいる道が本当に正しいのかどうか、ここについていっていいのかどうかを自分たちが吟味しないといけない。

そして、ついていってはいけないということもわかっているはずなのです。このままダーッとついていくと、ワクチンが待っています。ワクチン義務化が待っていて、チップを入れられます。これがないと電子マネーとかベーシックインカム、給付金が受け取れません と言われます。でも、それをやってしまうとダメですよという話を第1部でしました。

では、どうやってそこから出ていくのか。私たちは3次元で戦うと負けます。

なぜならば、既にこの次元の王たちがいて、この次元を支配しているからです。

この次元の王たちは誰かわかりますね。コロナウイルスをばらまいて、我々にワクチンを打ち込もうとしている方々です。ロスチャイルドたちニューコートや、軍産複合体、ビル・ゲイツ、そういった一連の方々、その下の大企業です。我々は、3次元ではこの方々になかなか勝てない。

なぜかというと、3次元ではおカネというものが支配していて、彼らは銀行でおカネを刷って、その権利を持っている。彼らしかそれを持てないわけです。

彼らのおカネを使っていろんな取引をしたり、モノを売ったり買ったりしている限り、我々はずっと彼らの支配下にあって奴隷だということになります。

だから、早く円やドル、暗号通貨、何とか通貨から自由になった自分たちの独自経済圏を持って、NAUポイントか何かで物々交換することが必要だということを言っています。

そして、それがもうできています。

COCONAUというものですが、COCONAUジャパン、COCONAUアメリカ、COCONAUフランス、COCONAUジャーマニー、COCONAU・UK、COCONAUインディア、チャイナ、ブラジル、いろんなところにつくって、それが大きく連動することによって、一つの本当の新しい国づくり、新しい世をつくっていくことができる。彼らのおカネを使わない、彼らに頼らないでもいい経済圏と新しいマネーを国際的に広げる。それが5次元の世界だと言いましたね。

666を体に入れたくない人たちを守る

しかし、その5次元の世界はＣＯＣＯＮＡＵと、ＮＡＵコミュニティー・ビレッジを広げるだけではありません。

我々が3次元から出ないといけないのです。この3次元の肉体の世界、物質の世界から出ていってくれというのは、何も死んでくれと言っているのではありません。肉体だけ3次元、4次元の世界にいて、私たちの魂だけがスコーンと抜けて5次元に最低でも行く必要があるということなのです。そうすれば、私たちは3次元の王たちの支配を受けなくて済みます。

逆に言えば、それしか方法がない。3次元でまともに戦って勝てるわけがない。3次元でまともに戦おうとすると、政権交代だ、やれ政治だとなるのです。政治で勝てるでしょうか。政治で国家と人民が救えるなら、とっくにできています。「できない構造」になっているから、政治では国と世界を救えないのです。無理、無理。彼らのほうが強大だし、おカネを持っているし、彼らがおカネをつくっていて、そのプラットフォーム、システムを持っていますから無理ですね。

彼らは今、金融崩壊で、今まで自分たちがつくったインチキマネーをあえて崩壊させて、今度は電子マネーを政府に出させることによって、６６６というマイクロチップの電子マネーを手のひらに埋め込もうとしています。

だから、ＣＯＣＯＮＡＵでは新しい日本版のＳＮＳも持ちました。

彼らが持っているものは、こっちも持っておかないといけません。新しい電子マネーとマーケットとＳＮＳです。いわゆる既存のＳＮＳは、これから全部電子マネーに変わっていきます。でも、彼らの支配下にある電子マネーやワクチンは全部マイクロチップを埋め込むほうに流れていってしまいますし、人々を監視する、人々の個人情報を売るという方向に変わっていきます。

私たちは、はこぶね組合で、同じシステム、ＳＮＳ、電子マネーも持っているけれども、監視する方向には行かない。つまり、守る方向に行きますよということで、きっぱり分かれる。誰を守るかというと、６６６を人体に入れたくない人たちを守るのです。はこぶね組合やＣＯＣＯＮＡＵやＮＡＵポイントはそのためにつくったのです。これ自体が新しい国づくりの土台になります。

だましの技術は全てルシファーから来ている

3次元で戦うと負けるから、私たちは彼らの上、5次元に行かないといけない。5次元に行かないといけないという究極の理由、わかりますか。わかる人――（会場の挙手なし）――わかるなら、坂の上零の講演には来ないよバカという話ですね（笑）。

なぜかといいますと、この3次元を統括している王と3次元のシステムはおカネに基づいてつくられている。この金融システムをつくったのは、全てロスチャイルドたちです。

この配下に中央銀行システムや各政府があったりします。ロスチャイルドたちは完璧なまでのシステムをつくり、彼らはある意味、陰の世界政府のようなものです。これが今度、AI化してきます。人体にチップを入れられたら、AIに直接支配されてしまって、私たちがちょっとでも彼らにとって不穏な動きになってきたら、ブチッと消されるとかね。

自粛のときもそうでしょう。集会をしてはいけないとか、3密を避けろとか、ふざけるんじゃないというんですけれども、あれは共産主義です。ファシズムなのです。集会をしていると、反政府のテロを企てているんじゃないか、何か悪いことをするんじゃないかと思ってしまうんですね。だから、人々が集まらないようにする。

中国だって、ずっとそうじゃないですか。グループとかつくらないようにさせる。みんなが砂のようにばらばらで、自分たちのエゴやおカネ儲けのために動いてくれる、そういう人ばかりだったら扱いやすいのです。

ところが、扱いにくいのは、大義名分のために自分を無にして人々のために頑張ったりできる人、そういう崇高な人がいっぱいいるところは支配しにくいから難しいですね。そして、ワッと人が集まるところ、このような会場は、非常事態宣言が出されたらできなくなってしまう。つまり、ファシズムであり共産主義の社会ですが、人と人を切り離して、ばらばらにして、恐怖でおびえさせて、最終的にはマイクロチップを入れさせてＡＩ管理するというコースが完全にでき上がっているわけです。

そのために、私みたいなリーダーのところに来ていろんな話を聞いて「よし、頑張ろう」なんて思ってもらわないために、集まらないようにさせたり、「感染するから行っちゃいけません」とかね。そんなことないんですよ。新宿なんかもそうですね。感染するから、感染するからと言うと、地価やビルの値段がどんどん下がっていきます。そうすると、結局、思うつぼです。安いときに、また外資が安くバーンと買うわけです。今そういったことを思いっきりされています。

だから、この３次元で彼らと戦うと勝ち目がない。なぜならば、私たち以上に頭がいい。

どうしても彼ら「この世のエリート」の知恵に勝てない。これだけインターネットがあって、いろんな情報が流れているにもかかわらず、大衆は「エリート」にだまされ、意図どおりに動いている。よくわからない情報もいっぱいありました。Qアノンやホワイトハットみたいなものもありました。どこまでがウソでホントかわかりません。

マドンナも、小泉純一郎も、トム・ハンクスもどうやら生きているようです。だから、死んでいないのに、死んだことになっていたりとか、ヒラリーは殺されたのかもしれないけれども、トム・ハンクスは生きていたとか、いろいろあって、どこまでがウソで、どこまでがホントかわからない。こういうものをあえて流すことによって、真実がどこにあるのかわからないようにうやむやにさせている上に、今本当にしなければいけないことが何かということから目をそらさせているのです。

誰が死んで誰が生きているなんて、そんなことはどうでもいいことです。そんなことをちゃんとわかったところで、魂がここにいるわけだから、皆さんは5次元に行けるわけではないのです。自分の魂を上昇させることから遠ざけているだけにすぎない。そして、私のような、今までインターネットで陰謀論のような言葉がないころからやってきた人もいるし、あるいは最近言い始めた人もいます。

しかし、こういうことを知っていても、皆さん、ころっとだまされたわけじゃないですか。コロナ怖い病になってしまった。私もびっくりしました。
私は自分の無力を感じました。今まで一生懸命講演をして、教えてきて、少なくともはこぶねコミュニティーの人たちはわかってくれているだろうなと思っていたら、ころっとだまされて「怖い怖い」となってしまっていた。私のオフィスに来るのに、手袋バッチリ、マスクは何重にもしていた。

私はマスクも何もしないじゃないですか。消毒液だけはやっていましたけれども、それでちゃんとできるからいいのです。マスクもしないで歩いていたら、「坂の上先生が来るとうつされそう」とか「ウイルスを持ってこられそう」と言われる。「いないお化けを怖がっているんですよ」と言っても、信じてもらえないわけです。

「本田●はそう言っていなかった」とか「テレビで学者が40万人死ぬと言っている」と言うので、「もうバカなことを言うな、この人は」と思ってね。本田健は、そういうことを言って、また新しく何かいろいろビジネスをしたいんでしょう。いいじゃないですか。彼も商売なんだから。だけど、それはウソなんですよ。

「ＹＯＳＨ●●●が言ってた」「ＧＡＣ●●が言ってた」とか「山中教授が言ってた」とかね。何でそういう他人のウソにだまされてしまうのかわからない。でも、私が以前対談したかなり知的な人まで、コロナ怖い病で東京に来なかったり、そういう人が何人もいました。私と同じような話をしている張本人たちも来なかったりする。

これだけの人がころっとだまされてしまったということは、あの方々がどれだけ頭がいいんだということです。詐欺の天才でしょう。あの方々はどこからそんな知恵を得て、世界を大々的に詐欺しているんですか。世界を相手に、いないお化けでだましたんですよ。空気のような無から金をつくり、他者のリアルな資産を巻きあげて、現在までの虚構の金融システムを世界規模で築きあげた彼ら。これと同じ知恵で、いないお化けをつくり出し、世界中をだまして、貧しくさせた全人民に６６６を埋め込み、ＡＩ管理されたゾンビ奴隷にしてしまう。世界中を丸ごとだましてしまう。子どもの心の人以外、エリート大学を出ている人もだまされた。

ワクチンを打たせるために、今もやっているけれども、すごい技ね。我々がどこかに銀行強盗するだけだって大変なんですよ。それなのに彼らは世界を丸ごと銀行強盗したようなものじゃないですか。このすごいテクニックというか、だましの技術はルシファーから来ているんですよ。だから、やっぱり知恵ではルシファーの知恵で世界中で詐欺と強奪をスマートにやってのける「この世のエリート」の彼ら支配者に勝てない。

ルシファーはなぜ悪魔となったのか

神の知恵と頭脳を与えられたルシファー。そんなルシファーがどうして悪魔になってしまったのか。昨日はそういう質問がWEB中継の方から来ました。時間がなくてちょっと答えられなかったので、今日その話を最後にします。

ロスチャイルドたちがあれだけ強大な力を誇るのも、あの知恵も全部ルシファーから来ています。この世で一番頭がいいのです。とても美しくつくられた知恵の天使です。彼には勝てない。坂の上が100人いても、300人いても、勝てない。だから、勝つことをやめる。勝つとか負けるじゃない。彼が来られないところに行こうじゃないかという話です。だから5次元と言っているのです。適当に言っているのではありません。

なぜかというと、この地球は、天から堕ちたルシファーと彼の配下の元は天使だった悪霊たちの流刑の場。神がルシファーをここ地球に閉じ込めているわけです。彼はほかのところに行けない。この地球上にいるしかないのです。この3次元、4次元の低い世界にしか、彼はいられない。天に帰りたくても帰れないのです。彼がここにしかいられないから、ここは彼の牢獄です。

したがって地球が地獄社会になってしまうのです。そして、地球の人々を一人でも多くルシファー側に引きずり込むためにやっている。

ワクチンを打つとか、電子マネーで手のひらにチップを入れるというのは全部、自分たちの側に一人でも多く引きずり込むためです。

なぜか。このマイクロチップは666と言われるものですけれども、これを人体に入れてしまったら、最終的に神の救いから外れるからです。神様は、666を入れた人は救わないよと言っているわけです。もうちょっとしたら、それが入れられることが義務化されます。だから我々はよほど覚悟しないといけないわけです。

どうやって逃げるんですか、拒否しても生きていけるんですかという道をご提供しているのが、はこぶねです。だから「はこぶね」というんだなと思いました。私がつけたのではありません。神がつけろと言うからつけているのです。現代のノアの方舟です。

現代のノアの方舟は、船ではなくて、各地域につくるコミュニティーとNAUポイントで物々交換をするCOCONAU、新しい経済圏です。

これを世界中に広げていくことが5次元の新しい国づくりになります。つまり、ロスチャイルドのマネーに頼らなくても、日本国やアメリカの国に頼らなくてもみんなで幸せに生きていける社会です。そういう真の自由、幸せな世界を一緒につくりましょうということをご提案しているのです。

地上天国の礎、五つの自立を叶えるビレッジをつくる

さっきも言いましたが、そっちに向かっていかなければどうなるか。これから3次元のままいれば、滅びの方向にしか行っていないわけですから、人類は滅んでいく。そして、その滅びの中のワン・オブ・ゼムになってしまう。

これからますます世の中は地獄社会になるでしょう。その地獄の住人の証として、チップを入れられてチップ奴隷になってしまうということであります。笑い事じゃなくて、本当にそういう日が来年に来ます。10年後だったら、もうちょっと時間があったなと思うんですけれども、来年なので、私も忙しくて、やることがいっぱいあるわけです。

いろいろ山を見に行ったり、ビレッジをつくるために一生懸命、85度以上の温度の温泉かけ流しの物件と山を探しています。九州と四国と中国地方、関西、中部、あと関東から車で2時間ぐらいのところ。関東は特に人口が多くて避難所をつくってあげなければいけない。それから、新潟、東北、北海道、やることがたくさんあるのです。みんなで一緒にやってくださいという感じです。

そこに、五つの自立を叶えるビレッジをつくりたい。そして、医療法人と農業法人をつくって、医食同源はこぶねビレッジをつくって、みんなで生きていきたい、新しい社会の模型をつくっていきたいなと思っています。

五つの自立については、第1部を確認してもらったらいいと思いますけれども、それが5次元だと言っているわけではないのですが、地上天国をつくっていく模型になると思います。礎ですね。まだ地上天国そのものはできません。なぜかわかります？　私たちがあまりにも汚れて、けがれてしまっているので、もうちょっと神に近い人たちになる必要がありえます。そうならない限りは、なかなか一気にはいかないのです。

だから地上天国を一気につくれなくても、地上天国の礎はつくって死にたいなと思っているのです。そうしたら、次の代の子たちが地上天国にしていってくれるでしょう。今の人間たちはあまりにも汚れすぎて、あまりにも価値観がおカネで支配されすぎて、打算をしないと何もしない、損か得かを考えないと行動しなくなっている。こういったことを無意識にするようになったから人が劣化し、落ちてしまったのです。だから人間が神から離れているわけです。

まずは、こういう人たちではなくて、昔の、少なくとも江戸時代とか明治時代にいた日本人のようには戻りたい。そうすれば、ちょっとは地上天国に近づいてくるのかなと思います。3代かけて落ちているので、少なくとも2代ぐらいかけて上がっていかないといけない。今の私たちはその礎になるということです。

人類は神への反逆をずっと繰り返している

逆に言えば、モーセが『出エジプト記』で、奴隷だったイスラエルの民を連れてカナンの地に行くわけですけれども、2週間ぐらいですぐ行けたのです。何で40年も砂漠の中の荒野をさまよわなければいけなかったのでしょうか。民がパーで、レベルがあまりにも低かったからです。

モーセは本来は王家にいたのです。そんなことする必要は全くなかったのに、神に命じられたから、イヤだったけれども、妻子も、自分の幸せな生活も全部捨てて、イスラエルの人たちを救済する役をやったわけです。

それは彼にとって幸せだったのかというと、そうではなくて苦労の連続だった。そして、お世話になったファラオのところに行って、我が民を去らせよと言った。なかなか去らせてくれない。いろんな嫌がらせのような奇跡を行って、やっと「じゃ、出ていけ」ということになって出ていくと、エジプト軍が後ろから追ってくる。もうダメだ。そのとき、海がバーッと割れるという奇跡も見た。割れたかどうかわかりませんけれども、潮が引いたことは事実らしいです。とにかく奇跡を見て、そのとき、イスラエルの民は本当にありがとうと神に感謝して、神の実在を知り、助かったと思ったのです。

ところが、喉元過ぎれば熱さを忘れるで、しばらくすると文句たらたらになる。「エジプトで奴隷だったときのほうがよかった」、「あのときはまだタマネギが食べられた」、「神は、こんなまずいパンしかよこさないのか」とかね。マナというパンを与えてくれていることに感謝の一つもせずに、ありがとうの気持ちもなく、文句しか言わなかったのです。

そして、砂漠には水がない。だけど、アロンがつえでポンとやったら水が出てきて、それを飲んだ。ありがたいと思えばいいだけなんだけれども、感謝しないで、とにかく不平不満が多かった。最終的にはわけのわからない変な子羊をつくって拝み始める。

そういうのをバカだと思うでしょう。しかし、我々はあのときと何が変わっているのでしょうか。一般庶民のレベルは、今もああじゃないかと思うのです。やれQアノンが、やれホワイトハットが、やれ坂の上零が、やれベンジャミンが、やれ何とかがかんとかがと言う。問題の本質は、「あなたがどういう人か」ということなのです。

だけど、結局ヒーロー、救世主を求める。それは、自分はやらない、助けてちょうだいということです。それではダメです。あなたがやるのです。私もやります。誰かだけやってください、ではないのです。そんなメンタリティーの人間が大半だから、バカな大衆が神を宗教にしてしまった。神は宗教ではない。人間がかくも愚かで低レベルだから、神を宗教にしてしまった。宗教や教祖を必要としたのは無知な人間の側です。人と神の間には本当は何も必要ない。直接神とつながれるのですが、人と神の間に宗教をつくり、教祖や、神主や、司教などをつくってしまったのは、人間の愚かさであり、ゆえに悪や邪に支配されたのであります。神と人との自然な関係は親と子のように当たり前で、自然な愛と喜びの関係だったのです。しかし、人間が低次元で愚かなので、神との自然なつながりを持てないので、神を「崇める」ようになったのです。神は「崇める対象」ではなく、愛する親しい関係であり、ともに生きるパートナーなのですよ。

でも、あのときのイスラエルの人たちはモーセだけに仕事を任せて、みんな「私はあなたについてきたんだ」、何だかんだ言って、何かあったら不平不満をぶつぶつ言う。モーセは、「何でこんな民を救う価値がありますか」、「こんな下品な文句ばかり言う民は滅ぼせはいいじゃない」と、何度も神に言っているのです。

今の私と神の関係もそうです。私も時々、「こんな人間を救う必要はありますか」と聞くのですが、「一人でも多く助けたい」と、やっぱり同じことをおっしゃるのです。愛されているから、人間の側からちゃんと悔い改めて帰ってきてくれる人を待っている。そのときをひたすら待っているのです。でも、なかなかそれが起こらないじゃないですか。

我々はずっと天に対し、反逆をするという歴史です。

我々人類が今やっていることは何でしょうか。神への反逆そのものじゃないですか。そして、それがだんだんすごくなってきている。

遺伝子組み換えの食とか、遺伝子組み換えの種、ゲノム編集の魚や肉。私は、これを食べたら病気になるから、これがいけないことだからというだけで反対しているのではありません。これが神を冒瀆することだからダメだと言っているのです。神がつくったすばらしい自然の調和を我々は一生懸命壊しているじゃないですか。その結果、我々は病気になって苦しんでいる。アホだと思いません？

あのときのイスラエルの民と何が変わるのでしょうか。

現代人のほうが、もっとひどくなっているのです。今の日本人は科学技術を持った猿みたいになってしまっている。「法律的にはこうだから」とか、文句もこざかしくなってきて、いろんな技で文句を言うようになってきたのです。

イスラエルの民が本当に神に感謝して、「助けてくれてありがとうございました」、「奇跡を見せてくれてありがとうございました」と、あのときに既に5次元に行ける魂の人になっていたら、40年も荒野をさまよう必要はなく、そのまますんなりカナンの地に入っていた。しかし、レベルが低すぎて入れなかったのです。魂が汚れすぎて、人間がダメすぎた。そのまま今の日本人、アメリカ人、私たち全員です。

だから、５次元と簡単に言いますけれども、行けないのです。簡単ではありません。

５次元に行く人は、これからみずからの決意で、３次元を卒業し、「５次元に行く」ことを選ばなければいけない。３次元のままチップ奴隷になって滅びていくのか、それとも５次元の世界に行って、一緒にはこぶねをつくって、地上天国の礎をつくっていく賢い人になるのか。大宇宙意思の愛に目覚めて、愛に生きる人になるのか。つまり、地上を地獄にする人か、地上を天国にする人か、どっちになるんですかということを問われているわけです。それを今からあなたは選ばなければいけない。

そして、この地上を地上天国にしたいな、５次元に一緒に行きたいなと思う人だけ聞いていただきたいのですけれども、そう思っていない人は、ここから先は必要ありません。帰ってもよいです。読まないでいいです。苦しくなってくるかもわかりませんから。後者のほうを選ぶ人だけ耳を傾けていただきたい。

Part 8

5次元へ行けるか、行けないか、最後の関門《ゲート》

謙虚さがなくなると、魔が入る

いよいよ核心に入っていきます。どういう人が5次元に行けるのでしょうか。

メモっていただきたいと思いますが、魂の浄化を果たした人です。そして、現世を解脱した人。つまり、この世をある意味、捨てた人ですね。深く絶望した人で、人間の限界や、性《さが》を知った人です。別に出家してくれと言っているわけではありません。頭を剃ってくれとかそういうことではない。要は、今の人間の世の中で、例えば成功することも含めて、いかにむなしいことかということをとことん知るということです。そして、悟りを得て聖なる人になること。

簡単に一言で言いましたけれども、とても難しいですね。でも、そういうことなのです。

つまり、解脱をして、自分を捨てて悟る。この三つが必要なのです。こういう人が5次元に行きます。

もう一つは、基本的には大宇宙の意思の源に戻ろう、帰ろうとする人。

帰ろうということは、もともとそこから出てきたということです。自分の魂の故郷に帰りたいと思う。心からそれを要求するというか欲しくなる。私はある意味、そうなっているんですけれども、次に人間としてこの地球に生まれてきたくないのです。あまりそれを言うなと、天から怒られてしまいましたけどね。言うと、神が悲しむから、やめてくれと言うのです。

でも、私は許されるのであれば、坂の上零としての人生を人間として生きる最後の人生にしたいのです。もう二度と人間の世界に帰ってきたくない。そのかわり、この人生は神に捧げたので、一生懸命、神の御心をなすために自分を捨てて生きようと思っているのです。

私が死ぬときには、神のもとに戻り、できればずっとおそばにいたい。天使のはしくれにでもならせていただいて、神のおそばでお仕えしたい。また地上に帰ってきたくないと思っているものですから、帰ってこなくてもいいようにちゃんと成果を上げないといけない。

頑張って地上天国の礎づくりをちゃんとしてからあちらに行きたくて、二度と人間になりたくないと強く思っています。これが私の最後の人生だから、出会う人、一人一人には人生が変わる講演であってほしいし、その人の住む地域はその人がいることによって地上天国の礎ができていくような、何かしらの方向づけ、気づき、導きができたらありがたいと思っています。これを「はこぶねコミュニティー」づくりでやりたいのですね。

これは私がするのではなくて、私を介して天がやられるので、私がやっているんだと思った段階で魔が入りますから、私はただ単にやらされているだけだという気持ちを持ちたいと思っています。神は石ころからでもアブラハムをつくれるのですから、別に「はこぶね」をつくる現代のノアは、坂の上零でなくてもよいのです。神が選んでいるから、これは天命なので、私はやっているだけですから。神の手足です。

自分がやっていると思った段階で、邪がどうしても入ってきて、慢心とかおごりになってきますから、そうなったときには、もうお使いいただけなくなってきます。

一番最後にお話ししますけれども、誘惑とか敵があります。5次元に行けるか行けないかの一番最後の関門がそこになります。自分自身の中のおごりとか慢心、特にできる人はそうです。

できない人とかは、そういう慢心になることもあまりないからいいのです。

ある程度能力が高くて成果が出せる人は、逆に言えば、一番振り出しに戻りやすいですね。慢心してしまって、「自分がやっている」とか「私の力だ」「私はもっと皆から承認されるべき人間だ」みたいなことを言い始めたり、思い始めたら、せっかく悟りまであと一歩のところまで来ているのに、また振り出しにピューッと戻っていく。塩をかけられたナメクジさながら、サヨナラ〜みたいな感じになっちゃうじゃないですか。

そういったことをジョージ・ルーカスは言いたかったんだと思うのです。

ダース・ベイダーになってしまったアナキンは、すごい修行を積んで、立派なジェダイで、女王様とも結婚して、本当に彼みたいな高貴で立派な人がエッという感じで、彼に徐々に魔が入っていくのです。

彼は世界を救う救世主だったのに、ダース・ベイダーになってしまった。あれはルシファーの物語を描いているのだと思います。

神にお仕えしている側なのに、俺が世界を救うんだ、俺がやったんだ、俺の世界だ、自分が神だ、自分が偉いんだとなって、そこに魔がボンと入ると、ダース・ベイダーになってしまう。

あのジェダイが「♪ターンターンターンターンタータタンタータタン♪」になってしまうわけでしょう。だからそういったことになりかねないので、特に能力の高い人やできる人ほど謙虚でなければいけないということです。

慢心になったときに魔が入りやすいから、一番の試練は、別にハニートラップでもなければおカネでもないのです。結構能力が高くてできる人、そして、よくわかっている人、悟っている人、ちゃんとした人が一番最後に魔にやられるときがある。それは、自分の中に謙虚さがなくなって、「俺がやったんだ」と思ったりすると、せっかくいいところまで行ったのに、コロコロコロコロと振り出しに戻る。振り出しよりももっとマイナスになって、悪の帝王みたいになってしまうわけです。そして、「支配したい」「崇められたい」と切望するようになる。ここに魔が入るのです。

カバラの世界でも、ユダヤ教でもそうですけれども、一番最後の神に近いところに行ってからガタンと落ちて、最後にまた振り出しに戻るという世界があります。

よく人生ゲームをやっていると、「3回休む」ならまだいいけれども、時々「振り出しに戻る」があるじゃないですか。しかも、もう少しでゴールなのに、振り出しに戻るのはイヤじゃないですか。全財産を取り上げられて、振り出しに戻るとかね。サイコロをヒュッとごまかして、「私、5じゃなくて6でした」と言うのはダメですね。ゴールを目の前にして、また振り出しに戻るということになったらいけない。私はまた六道輪廻から人間をやり直したくないから、できるだけいつもパーでいたほうがいい。それで自分自身をクルクルパーにしているわけです。その秘訣《ひけつ》は「愛は与えて忘れる」と、自分を理不尽に迫害する人々に怒りを返さず、恨まないで、ひたすら自分の天命を成すことだけに集中する。そして、人に期待せず、人と自分を比べず、人をうらやまず、人を気にせず、ひたすら自分がさらなる高みを目指して、自分の実力をつけることです。そうしたら、成果を出してもいばらず、人の評価を気にせず、自分の中に王道ができます。不動の王道。人の評価など要らない。人に認められたい、崇められたいと思う愚かさは全くなくなる。そうしたら心は自由になり、成果を上げてもおごらず、成果を出せない人を見下さず、みずからの王道に歩む聖なる人となれるのです。真の自由を得られます。

自分自身の意識の奥にいる「聖なる人」

「聖なる人とは」どういう人でしょうか？

つまり、これからの世界は、聖なる人じゃないとダメですよ、聖なる人になりましょうということです。でも、皆さん、実は既に聖なる人なのです。その自分自身が意識の奥のほうにいて、それそのものとして日々を生きている人が少ないけれども、本当は聖なる人です。その聖なる人の自分自身を呼び戻す。

タマネギの皮をむくとき、途中で涙も出ちゃうんですけれども、その過程を経て最後に残る芯があります。それが本当の自分の魂です。

そして、それそのものとして生きていくようになれば、自分が苦しみを生み出すことがほとんどない、自由自在な魂になると思います。どういうことかというと、自分が願ったことが比較的早く実現できる人になってきます。これはすごいのです。

「あんなこといいな、できたらいいな」という歌詞があるじゃないですか。そういうことが、簡単とは言わないけれども、結構楽にできるようになってきます。ああだったら、こうだったらいいなと、自分の中で思い描いて願ったことを現実に、比較的簡単に起こせる自分になってきます。みんな、それぐらいの力は本当はあります。

だけど、何で今はそうじゃないのか。さっきも言ったように大宇宙意思の源と離れているからです。大宇宙意思の源と自分の本当の真我は、実は糸電話みたいにつながっているのです。この線は細いようで、実はめちゃめちゃ太くて絶対切れません。小錦が乗っても切れないみたいに太い。

なので、この真我、自分の中にある本当の自分自身の聖なるところに、自分が意識の中で到達して、それを引っ張り上げて、それそのものとして生きるということが必要になってきます。これはある程度訓練しないとできないのですけれども、私はそういうセッションもやっていますので、できるようになってきます。

皆さんそれぞれが、神の分け御霊《わけみたま》であり、自分自身の中に聖なる人がいます。いない人はいません。みんな、聖人、天才、すばらしいのです。ただ、あまりにもいろんな皮がブワーッとおり重さなっていて、余計な皮を全部むかないといけない。

でも、その皮をむきたくない人が多い。ここが問題なのです。

「いや、それはちょっと」、「いや、それは見たくない」、「これはちょっと捨てられない」ということばかり言っていて、作業が少しも進まないわけです。

だから、タマネギをむくというのは、ある意味、的確な表現で、途中で泣くこともあるわけです。タマネギをむきながら、つまり、本当の自分自身を一枚一枚めくっていきながら、「こんな自分は見たくないな」とか「こんな自分は許せないな」と思うところもありますね。あるいは、向き合いたくない自分自身に向き合わなければいけなかったり、自分の苦しみを生み出している原因が、自分の価値観や考え方の中にあることが多いです。そういったときに、それを直視することがつらくてできないあまりに、「真我なんか見なくていい。タマネギの皮をずっとかぶっていたい」となってしまうわけです。逃げているのです。

その自己逃避としてスピリチュアルに逃げる人もいます。私みたいに、神とかいろんなことを言って自己逃避をする人もいます。でも、神は自己逃避をするためのスピリチュアルな題材ではありません。だから、幸せなことだけ、ハッピーなことだけ、楽しいことだけを見ていましょうというわけにはいかないのです。

楽しいことだけ、幸せなことだけ、ハッピーなことだけ見ていられるようになるのは、既に聖なる人です。既に聖なる人になっているなら、幸せなことだけ、楽しいことだけ、ハッピーなことだけ見ていたらいいのですけれども、まだなっていないので、タマネギの皮をむいて、ちょっと涙も出るよというぐらいの経験も経ないと、本当の真我に行かないのです。つまり、自分の中のくさいものにフタをしたままでは進歩も成長もしません。

そこの作業がつらくて、やめてしまう人もいます。なぜならば、「自分とはこういう人だと思っていたけど、あれ？」とか、どうしても嫌いな人がいて、あいつだけは許せないと思っていたけれども、実はそれが自分だったみたいなこともセッションをやる中で出てくるのです。もう一人の自分だったということです。結局、自分の苦しみをつくっているのは、自分なんだということに気がついてくる。それに自分で気づき、自分で癒やして、手放していくという作業をします。

そのためには、何が自分を苦しめているのか、自分の中の何が苦しみを生み出しているのかということを探って直視していかない限り、いつまでもわからないでしょう。それに気がつかなくて、それを癒やして手放すという作業をしない限り、その苦しみはずっと続きます。でも、イヤじゃないですか。そんな苦しみ、ずっと続いてほしくないでしょう。

であれば、やはり自分自身を直視するという必要があります。その中には、自分のいい部分も直視しますけれども、大体、自分の闇とか悲しみ、自分の苦しみを生み出す原因になっているものを自分で突きとめる。こういうプロセスをやっていく必要があります。

坂の上零の、沖縄の大ホールでの講演会。毎回どこでも満員になります。

Part 9
聖なる人、5次元へ行く人になるためのガイダンス

聖なる人の10の特徴

聖なる人には10の特徴があります。

①大宇宙意思の源の神の御心とつながる

一言で言うなという感じですけれども、これは本当に大変なのです。滝に打たれてもダメ、修行をしてもなかなかなれない。でも、修行したから、滝に打たれたからできるものではなくて、自分の真我、さっきも言ったように、自分の中にいる聖なる人を引っ張り上げてくれれば自然と天につながるのです。

だから、どこかに行くのではない。ゼロ磁場、パワースポットに行くのではない。それ

も効果はありますが、本質ではない。皆さん、外に答えを探しすぎです。皆さんの心の中に神との扉、入り口があります。だからそれを見つけましょう。そこに全ての答えがあるからなのです。

ただ、そこに行くまでに余計なものをいっぱい捨てるという作業があります。それが滝に打たれるよりもつらいから、見たくないわけです。自分のイヤなところは見たくないじゃないですか。

私だって、こんなデブの自分を見たくない。けれども直視しないといけない。だから、ちょっとダイエットしようと思います。こういう作業が必要なのです。ダイエットするときはどうしますか。体についた余分な肉をとらなければいけませんね。

そういう形で、我々が真我の自分、聖なる自分にたどり着くときにどうしなければいけないか。自分自身を捨てていくという作業をします。執着や「こうじゃなきゃいけないんだ」、「これだけは私は絶対に」と思っている世界を捨てていく。一つ一つ手放していくということになります。

でも、何もかもなくせと言っているわけではありません。要は、何をなくすのかというと、最終的には私利私欲とかをなくして無心になる。あと、自分の中にある我欲とか邪心の「我」「邪」を抜き去る。それを全部とった後は無邪気になるわけです。

聖なる人になったら、みんな子どもみたいに無邪気です。邪気が無いから無邪気なのです。子どもには邪気がありません。子どもで、何か恐ろしそうな子はいないじゃないですか。オーメンはいるかもしれないけれども、みんなかわいいじゃないですか。でもバカではありません。ちゃんといろんなことがわかっていて、無邪気なのです。そういう人が、ある意味聖なる人です。だから、あまりインテリっぽくないです。

②天に帰る意思と覚悟を持つ

こういった人に天命が与えられるようになります。

天命は自分の信念とか夢、希望とは全然違います。天命とは、天から与えられないと存在しない世界です。天があなたを選んで、「お願いします」、「やってください」と託されるものです。自分が託してほしくて天命を与えられることはなくて、天が選んだ人にしか天命は来ません。天命が与えられている人はそんなにいません。自分の意思では天命は与えられない。志や夢、信念と、天命は全く違うのです。では、どうすれば、天命を与えられるのでしょうか？　天命が与えられる人になるためには、まず聖なる人になる必要があります。

③大宇宙意思の源が感動して、神が助けたくなるような生き方や人であること

神がどうしても手助けしたくなるような人であってほしい。天が助けたくなる生き方をするということです。

つまり、生き方です。何を選択し、どう生きるかです。

④心から大宇宙意思の神に帰依して、人が見ていなくても、誰に知られていなくても、神から見て正しいことをする人になる

人間が正しいと思うことと神が正しいと思うことはちょっと違う場合があります。

しかし、天から見て、大宇宙意思から見て正しいと思うことを自然に選択し、自然に行動できる人になる。たとえそれが自分にとって不利であっても、遠回りする道であっても、誰が見ていなくてもです。こういった人を神は放っておけないんです。こういった人は、一時期は苦労するかもしれないけれども、最終的には大成します。

ヨセフの人生みたいなものです。奴隷として売り飛ばされて、何も悪いことをしていないのに刑務所に入れられて、悲惨なことがあったけれども、最終的にはファラオのナンバー2になってしまうわけでしょう。こういうどんでん返しの奇跡が起きます。こういったことは常日ごろ、誰が見ていなくても、天から見て正しいことをしてきたからです。その蓄積があるのです。だから奇跡でも何でもありません。その蓄積があるから起きているわけで、ないとダメですね。「どうかこの株が上がりますように」とか「この宝くじが当たりますように」というのはなかなかないですけれども。（笑）

⑤邪悪を避ける

自分の心の中からも、自分の周りの人間関係からも、邪悪な環境や邪悪な思いを持っているような人、結構それが際立っている人がいますね。

そして、それに同調してしまう自分も、邪悪なものを持っているからです。邪悪なものを持っていないと同調しませんから、自分自身の中から邪をとる。

そして、邪を持っている人を避ける。邪をとるとどうなるか。さっきも言ったように、邪気がなくなるから無邪気になります。そういうような人になりましょう。

だから、打算や策略ばかり考えて、どうやってあれを陥れて、どうやって奪ってやってとか、計算ずくで行動するとか、そういう人とはできるだけ距離を置いたほうがいいということです。

あと、人の悪口ばかり言っている人とか、そういった人たちに、和の精神をもってつき合ってあげなければいけないということはありません。和の精神はそういうところで発揮しなくていいです。そういう低次元のところで、邪悪な人たちや邪悪なことにつき合ってあげる必要はありません。「あなたを心配して言うのですが、『あの人』は○○で××だから、あなたに損害があるとかわいそうだから忠告しておきます」などと一見相手を心配しているように見せていますが、本当は違っている。ただ単にその人と対立させたり、別れさせて、「あの人」に陰で嫌がらせをしているだけなのです。つまり「あの人」をそこまで妬《ねた》んでいるので、足を引っぱっているだけなのです。こういう醜いことをする人がたくさんいます。邪悪な人とはこのようなことを平然とする人です。表では「あなたの味方」と言いながら、裏では裏切っていたり、罠を仕掛けていたり、友を妬みつぶしている。

けんかする必要もないけれども、例えば、○○をいじめているとか、○○の悪口ばかり言っているとか、それがウソであれ本当であれ、そういう低レベルの下らないことばかりやって喜んでいるような方々や、人を妬み、裏で足を引っぱることを頑張ってやっている人、人の悪口を言う人たちとは、できるだけ距離を置く。なぜならば、そこにいるだけで、どんどん魂が汚れていきます。邪は伝染しますからね。自分の中にそういうものを植えつけられてしまうといけないから、できるだけかかわらないようにするということです。

⑥自分の願いと大宇宙の願いが一致していくように心がける

最初から一致している人はいません。

私もそうでした。

しかし、自分が意図的に、意識的に自分の願いを神の願いに合わせていくことはできます。そのためには、これからお話しすることが必要です。そのプロセスを経なければいけません。それが結構大変ですけれども、やれるのです。自分の願いと大宇宙の意思の願いが一致していくと、どういうことが起こるかというと、自分の願いが実現しやすくなってきます。本当ですよ。これは私が身をもって体験しています。

ガツガツしなくても、こうだったらいいな、こうあるべきだな、こうしたいなと思うことが自然と現実に起きてきます。

これ、不思議なんですよ。そして、この人とはつき合わないほうがいいなという人とか、ビジネスでも、勝手に向こうから離れていってくれます。すばらしいことです。「金持ち、けんかせず」ということですね。余計なけんかはしない。するときはありますけれども、それは自分のためにするのではなくて、組織や国を守るためです。自分のしようもないことにいちいち刀を抜く必要はありません。

しかし、絶対にやらなければいけないときはやります。

例えば、ワクチン義務化とは闘わないといけないですけれども、ちょっとした主義主張の違いとかはどうでもいいじゃないですか。相手に勝たせて、「そうそう、あなたは正しい」と言ってサーッと逃げていくというのが一番賢いと思います。「金持ち、けんかせず」ですよ。

⑦私利私欲を捨て、見返りを求めずに愛を与えて、与えたことを忘れる人

与えてやったみたいなことをずっと言って、でもまだ与えてもらっていない、返してもらっていないとかという、この次元の意識から卒業しないといけません。それだと与えたことにならないので、愛を与えて忘れる人がいいですね。「あれしてあげた」「これしてあげた」と、もういちいち記憶しない。つまり、執着しないことです。

そうすると、見えないところに貯金がいっぱいたまっていくのです。天に宝を積むということは、こういう人にならないと、できません。天に宝を積むつもりはなくても、実はそういうことになっています。だからやるのではありません。そういうセコイ気持ちだとダメです。そういう気持ちでやったら、貯金がたまっていないかもしれないんですけれども、本当に愛を与えて忘れる。愛してやった、これしてやった、あれしてやったとかいちいち思わない。人に愛を与えることが普通、人を助けるために誠実で一生懸命になることは、当たり前のことなのです。

そうすれば、気がつくと、とてつもない貯金がたまっているということです。本当に必要なときに、その貯金が、なぜか知らないけれども、どこかからダーッと降りてくるわけです。「これ、使ってください」とかね。

私も、「この山を使ってください」とか、来ないかな。でも、私は来る気がしています。全部、私が引き寄せるのではなくて、神が下さるのです。私は、神に感謝して受け取り、ただそれをちゃんと神の御心のために使えばいいだけです。それは別に私のために使うのではなくて、皆さんが避難するために使うわけです。

⑧執着や悲しみ、自分が賞賛されたい自己承認願望を可能な限り捨てる

なかなか難しいです。執着は、捨てられないから「執着」といいます。

それをできるだけ捨てる。みんな、誰しもあるのです。私もあります。私も、いつまでも若く、美しくいたかった。でも、私だっておばちゃんになってしまう。これは仕方がないことです。いつまでも若くいたいというのも一つの執着です。これは一つの冗談ですけれども。

私も大恋愛したことがあって、本当に愛した人とは一緒になれなかった。ずっと忘れられなかったけれども、それも執着なんですね。それを手放したときに、自分の本当の人生

が訪れたりします。ですから、できるだけ無心でいる。執着や過去に受けた傷や悲しみをいつまでも引きずらない。それはなかなか難しいけれども、自分が一生懸命、利他の愛に目覚めて、愛に生きることによって癒やされていきます。許しがたい人も、いずれ自然と許している自分になれるのです。心が楽になれますよ。愛を与えて忘れるという行動によって癒やされるのであって、何もしなくて癒やされることはありません。

自分が一番難しいと思います。特に男性は、自分が賞賛されたい願望がありまくりじゃないですか。男性というのはそういうものです。尊敬されたくて生きているからね。それはそれでいいのです。男性が男らしくあることはいいことです。尊敬されたいというのは男の根底にあり、ないとまた弱々しいから、男にならないので、尊敬されたくてもいいんだけれども、私が言うのはちょっと違っていて、自分が賞賛されたいために選挙に出る、事業をやる、寄付をする、慈善事業をするというのは、天から見たらあまり価値がない。何のためにそれをしたのかというところを見られるということです。

⑨ルシファーさえも抱き締める

つまり、自分たちを苦しめている人たち、例えばビル・ゲイツとかロスチャイルドたち、安倍、麻生といった人たちをある意味許すということです。私はやっと最近それができました。それまでずっとできませんでした。あまりひどいことばかりやるから、怒りがありました。その怒りが私の活動のエネルギーだったように思います。

でも、これも一つの気づきのステップでしたけれども、怒りが原動力であるうちは私は3次元を抜けられないのです。3次元で戦ったら、勝ちますか、負けますか。負けますね。彼らのほうが強いから、絶対勝てません。彼らにはルシファーがついている。ルシファーは知恵でやったら負けます。向こうのほうが一つも二つも三つも上だから、どうにもならない。

ルシファーが3次元、4次元までしか来られないから、その上の5次元の世界に新しい国をつくり、新しい共存共栄の世界をつくり、五つの自立を叶えながらやっていけば、そこを彼らは攻撃することができないのです。なぜならば、彼らの次元を超えているからです。同じ3次元にあっても、5次元の世界をつくればいいのです。たったそれだけです。簡単でしょう。

そして、その5次元の世界に行けるのは聖なる人です。

ここが一番難しい。我々一人一人が聖なる人にならなければいけないということです。簡単に言えば、イエス・キリストやブッダのような人になれということなんですけれども、なかなか難しいじゃないですか。「イエス・キリストのような人になるってどう？」と言うと、ヒューンと突然なえて、「そんなの僕、無理」となってしまう。だから、あえて言わないで、10の特徴という言い方をしていますけれども、聖なる人の特徴の9はルシファーさえ抱き締める。敵も味方にするということです。そういう大きな愛を持って、自分を苦しめた人たちも許してあげる。仕返ししたい、恨みたくなる気持ちもわかりますが、復讐は神にまかせましょう。あなたはひたすら前に前に歩んでゆけばよい。あなたが成功し、高みに至ればあなたを迫害した人々は勝手に自滅していきます。あなたはただ笑って、あなたの道を極め、高みを目指して頑張っていきましょう。いつか、あなたを迫害した人々に成功した、幸せなあなたを見せてやるほうが、最高の復讐です。

⑩大宇宙意思の源のご意思と義を第一に求めて、これをなすことが自分の人生の一番の喜びであるとする

はっきり言って、これに尽きるという感じです。

自分の義ではなくて、大宇宙意思の源の意思や義をまず第一に求める。自分の正義感や信念と大宇宙の信念を混同させがちなんですけれども、違うのです。よくスピリチュアル系の人で、低級霊と交信していて、「神がこう言っている」、「ああ言っている」と言う人がいますけれども、そんなことを言っていないと私はわかります。

皆さんは、これから「大宇宙意思の義は何ですか」、「意思は何ですか」と霊媒師とか変なスピリチュアルに聞かないでください。大体違うことを言っている。その人が本当に神とつながっているかどうかわからない。低級霊とつながっていて神だと言っている可能性もあるのです。

本当につながっている人は少ないです。しかし、いるにはいます。誰かを介して言ったり聞いたりするのではなくて、自分自身の中に神との扉があると言っているじゃないですか。あなたと、大宇宙の源の神との間にはいかなる第三者の介入も不要なのです。あなたが聖なる人になるならば。だから、自分自身に聞くのです。自分自身の中の聖なる人をとにかく引っぱり上げる。

そして、その自分自身の中に本当の大宇宙意思の源とつながれる鍵があります。例えば、こういう形だったらガシッと合う。ガシッと合わないとダメなのです。そういう何かが自分の中にあるので、自分以外のところに求めてもダメです。坂の上零に求めてもダメです。自分の中にその入り口を見ないとダメなのです。それをセッションとかではやっていきますけれども、そういったことが必要になります。

そして、どっちを選ぶかということが必要になってきますね。今からＡＩチップを入れられたゾンビ奴隷みたいなのがふえていきます。その一員になって一緒に滅んでいくのか。

それとも、はこぶねをつくり、利他の愛に目覚めて新しい世界をつくり、聖なる人に進化していくのか。つまり、大多数の人と一緒に滅んでいくのか、それとも新しい世界をつくっていくのか。どっちにするのかということを一人一人に突きつけられてくるだろうということなのです。

そのためには、まず聖なる人になることと言いました。簡単ではないのですが、まずは自分自身を知りましょう。自分自身を知るセッションとかも私はやっているのですけれども、自分自身を知ると同時に、愚かであることをやめること。

「愚か」とあえて言いますけれども、我々は気がつかないうちに愚かなことをしていることが結構あります。だから、意図的に自分たちでこういう行動をやめていかなければいけない、改めていかなければいけないということはやっぱりあるのです。それをちょっとお話ししたいと思います。

上は、日本での講演会。下は、インドでのコンサート出演

Part 10

聖なる人となる前に手放すべき「愚かさ」

愚かでなくなるためにする九つのこと

まずは、愚かであるということはどういうことか。そして、愚かでなくなるために私たちがする最低九つのこと。つまり、これをやっていないと聖なる人のところに行くセッションにも行かないよという話です。

①コンフォートゾーンから出る

仲よしごっこと友情は違います。群れることをやめる。

つまり、誰かと一緒にいて安心とかではなくて、一人でも勝負できる人間になるということです。誰かと一緒にいるなと言っているわけではなくて、自分が新しいことや何かに挑戦するときに、ポジティブに応援してくれるならいいのですけれども、大体、足を引っぱってきたり、「そんなのあなた、だまされているのよ」、「そんなの無理よ」、「そんなの非現実的よ」とか、いろんなことを言う人は避けていきましょうということです。

要は、これから一人で勝負できる人間でないと、生きにくくなってきます。職業がどんどんなくなっていく時代ですから、特に自分自身が強くないといけないのです。そのときに誰かと一緒にいて、仲よしごっこをしていて安心だというところから出ていかないといけない。かといって、やっぱり助け合い、友情は必要です。しかし、自分の個がしっかりしていないといけない。誰かに依存していてはいけない。

自分一人で勝負できる人間同士が友情を持つ分にはいいのですけれども、お互いに依存心がある者同士が幾ら友情だ何だといったって、結局慣れ合いになってしまいます。なので、コンフォートゾーンから出るということが必要ではないでしょうか。

②おカネの奴隷であることをやめる

おカネがないと生きていけないから、これは結構難しいですね。

皆さんの価値基準とか、私もそうですけれども、何をするにしてもおカネがかかります。けれども、何のためにそれをしているのかという動機が、おカネのためだけではなくて、もっとほかのことにあって、そのためにおカネが必要だからやっているという形に持っていく。要は、おカネのために働いて、おカネが自分の主人になってしまう生き方は慎んでいこうということです。そのためには、「自分は何をするために生まれたのか」あなたのライフワークに忠実に、好きなことをしましょう。お金に支配されないで、自分の人生の主人はお金ではなく、あなたの意思であるべきです。

③自分の今の生き方、あり方を見つめてみる

ここまでずっと自分を見つめることばかり話していました。

ただ、社会の全体が流れていく方向のレールに乗って、大多数の人がこの方向に行っているからというだけで、わけもわからずにそこについていく、その中の一員でいる。そして、何となく流されて生きている。こういう状態をやめようということです。これが愚かだと言っているわけです。

つまり、友情と仲よしごっことの区別がつかないような人たちとコンフォートゾーンにいて、おカネの奴隷で、大多数の人が行くからといって流されて生きている。この状態を愚かだと申し上げております。

偉そうに何だと言うかもわからないけれども、「言え」と言うものですから、言ってい

るわけです。こういうのが今の大多数の人なんです。その結果、こういう社会になっているので、まずそれをやめる。こういう愚かな状態である人が聖なる人にはなっていかないのです。だから、まず愚かであることをやめないと聖なる人に向かっていかない。

④自分が何のために生まれたかを知らないまま過ごすのはやめる

つまり、言い方を変えれば、自分が何のために生まれてきたのか、自問自答してみましょうということです。

みんな、自問自答もできないぐらい忙しいのです。私も忙しいけれども、日々、忙しい忙しいで、すぐ1年が終わって、いつ自分のことを考えるのか。

あなたの人生、何のために生まれたんだと考えるときは、定年の少し前とかでは遅いのです。もうちょっと前に考えてください。

⑤おカネや生活の不安や将来の心配がもしなかったら、自分は一体何を選ぶか、何をしたいと思うか

それに忠実に自分がどうありたいか、どう生きたいかということを、一回書き出してみてもらえないでしょうか。

自分が何のために生きるのかを考えるときに、絶対にこういうことを基準にして考えてほしいということなんですが、これは人によってそれぞれ違います。

私はピアニストになりたかった。本当は音楽家として生きていきたかったのですけれども、全然違うことになっています。自然栽培とオーガニック農業の組合をやったり、作家、講演家、社会改革家など、いろいろやっていますけれども。

おカネの心配や将来への不安がもしなかったら、あるいは家族を養わなければいけないとか、子どものために何とかしなければいけないというものが全部なかったら、あなたは何をするのか、何をしたいのかということを書いてください。そして、それをしてくださいということなのです。それが、あなたが生まれてきた理由です。それをしないで終わってほしくないということなのです。今すぐできないなら、できるような状況をつくっていく。

⑥テレビを見ることをやめる

「何で？」と思うかもしれないけれども、本当にバカ装置です。

私は何十年と見ていないけれども、いいことはあっても、困ることがまるでありません。だからコロナ詐欺にもひっかからないわけです。テレビを見ている人しかひっかかりません。だから、テレビを見るのをやめること。そして、くだらない番組や低次元の人間関係といったものに惰性でつき合うことをやめる。仕事から帰ってきたらすぐテレビをつけるとか、何か知らないけれども家でずっとテレビがついているという習慣をやめる。

テレビがついて、あの音が入っているだけで、かなりよくないですね。テレビは思考停止で、考えないものになってしまって、やっぱりバカになります。バカな人がバカなことをする。バカなことをしなければバカにならないわけですから、バカなことをしない。そのためにはテレビを見ないことが大事になります。

⑦口に入れるものに気をつける

これは第1部で、なぜかということを詳しく話しました。

口に入れるものから毒を抜く。といっても、私も結構いっぱい食べて毒をつけているので、人のことを言えないですけれども、コンビニ弁当とか、加工品のお菓子とか、遺伝子組み換えたっぷりの食材とか、あと女性の皆さん、ご家族にお料理するときに、化学調味料でお料理しないでください。

例えば、商品名を出していいのかわからないけれども、「○の素」とか「○○だし」、変な白砂糖とか食塩をやめましょう。あれは本当の塩、本当の砂糖ではありません。天然の

味の素の罪
船瀬俊介
Funase Syunsuke
味の素＝グルタミン酸ナトリウム＝MSG＝神経毒！
オリンピック選手の皆さま、
どうか味の素入り「勝ち飯」は、食べないでください！
JOCと味の素社の皆さま、
どうかオリンピック選手村で外国選手に
味の素入りの食事をぜったいに食べさせないでください！
国家的恥辱となります！（味の素社は東京オリンピック最大のスポンサー）
ヒカルランド

ヒカルランド刊

ちゃんとしたものを高くても使いましょう。そのほうが頭もバーンとよくなるし、精神もよくなるし、ミネラルもとれるし、ちゃんとした子が生まれます。

ちゃんとした食料をはこぶねCOCONAUや、業務用NAUマーケット（https://naumarket.com）でも売っているのです。それだけで食事をつくる。化学調味料を使わないで、天然の素材のみで味つけし、料理する。半年間で体の細胞は入れかわりますから、半年間頑張って続けてもらえないでしょうか。体の不調とかがなくなっていくと思います。

そして、精神的にも明るくなり、やる気が出て、何かに挑戦したいなという気になってくる。鬱病《うつびょう》みたいに、「うーん、学校行くのイヤだな」、「仕事に行くのイヤだな。何とかならないかな」、こういうのも食べ物が悪いのです。せっかくあるから、はこぶねのもの、自然農業の、オーガニックのものを食べてください。

そして、医食同源COCONAUと、業務用NAUマーケットでは在来種、無農薬、無化学肥料除草剤もなしのものを中心に売っていますけれども、なかなか少ないです。塩、卵、砂糖に至るまでそういったものを食べたら、半年後に「ああ、こういうことだ」と自分でわかります。まず体の不調がなくなります。

そして、何か落ち込むとか、キレやすいとか、子どもの態度まで変わります。いい子になって、「はい、母上」と言うかどうかわかりませんけれども、それぐらいちゃんとした子になってきて、「宿題しろ、しろ、しろ」といちいち言わなくても、ちゃんとやるということが本当に起こってきます。

例えば、パンじゃなくて、ご飯とおみそ汁と昔の日本の食事で、オーガニックのものを食べるだけで、荒れ果てていた学校の子どもたちがピシッとしたとか、先生に対して「おい、おまえよ」みたいな態度をとっていたのに、席に座って先生が来るのを待っている。授業も妨害しない。しかも、向学心が出てきて、「先生、こんな僕でも勉強すればちゃんとした学校に進学できるしょうか」と言って、勉強もするようになる。あり得ないことが起こるのです。食を変えるだけです。本当にやってみてください。大体、食が悪いからがんとかになっているので、コロナを心配するなら、毎日食べる食事のほうが怖いので、そっちのほうを心配してください。

あと、種なしのものを食べないこと。種なしのものを食べると、妊娠しにくい子宮になり、精子が減ります。そして、できるだけ合成化学物質が入っていない自然の食料と料理を食べましょう。

⑧坂の上零の『死に至る病い【日本病】』と『日本病脱却マニュアル』を読んで、自分自身の特性、性質を知ること

自分がどういうときに日本病の特徴になってしまうのか、どういうときに自分が何から逃げる傾向にあるのか、一回客観的に分析して見てみる。

フローチャートとか、ワークショップができるようになっていますから、それをやってみる。ワンポイントアドバイスも書いていますし、また、日本病脱却のワークもやっています。

それだけではなくて、自分自身を高める本を読むこと。活字で読んだほうがいいです。脳は視覚と言語でできていますから、YouTube で見るとか聞くだけでなく、活字で読まないと脳に刻まれないのです。

最近、文章を書けない人が多いです。読まないし、書かないからです。特に子どもたちは本を読まなすぎて、感情表現ができなくなっています。だから、ワーッとなってしまって、「何に対して、こう思うからこうなんだ」と論理的に言えないのです。あまりにも本を読んでいないから、訓練されていない。ウワーッとなって何か投げるとか、ぶつけることで表現してしまう。

ちゃんと本を読んでいれば、「これこれこういうことで、こうだから、これに対して僕

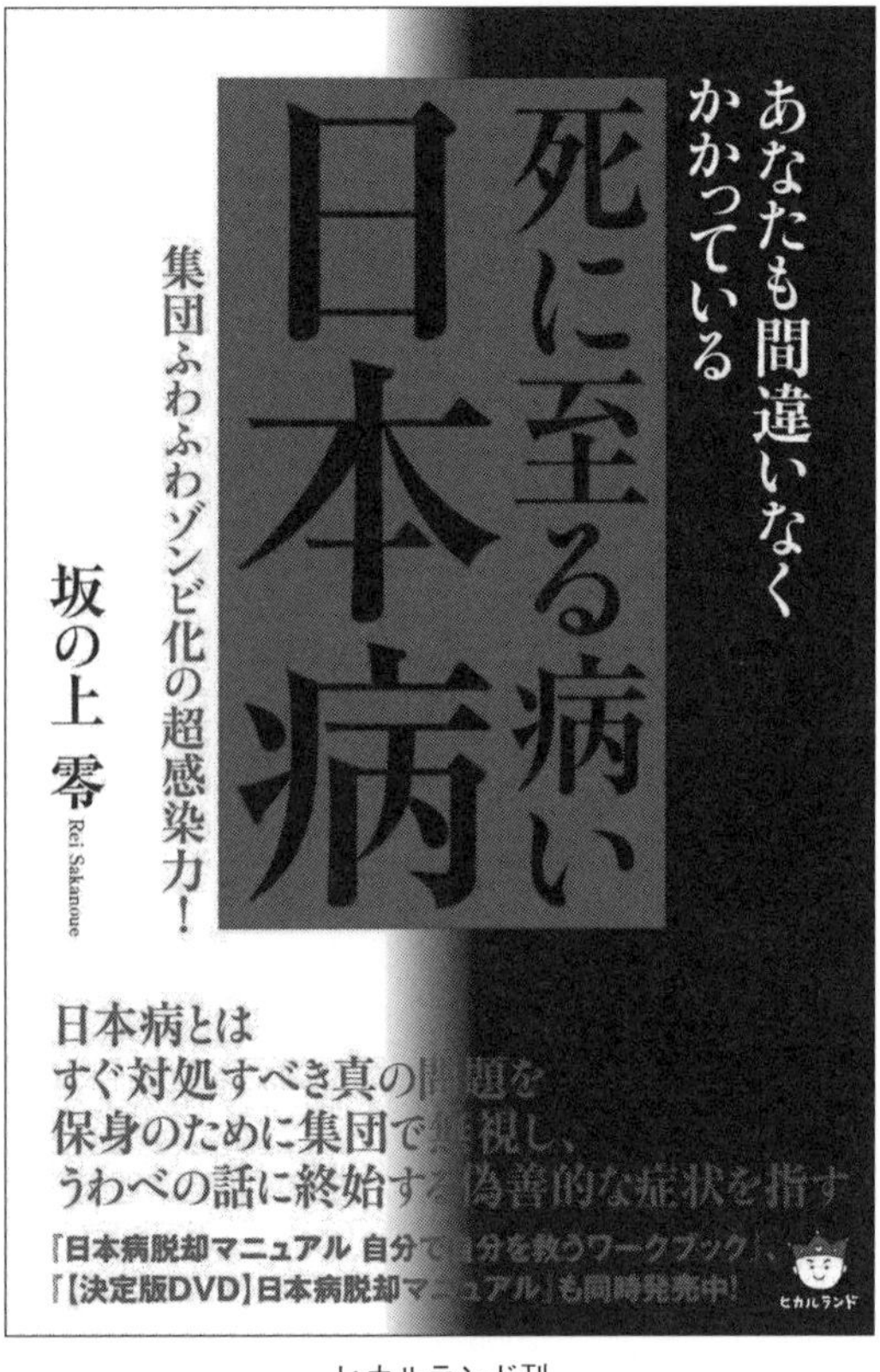
あなたも間違いなく
かかっている
死に至る病い
日本病
集団ふわふわゾンビ化の超感染力!
坂の上 零
Rei Sakanoue
日本病とは
すぐ対処すべき真の問題を
保身のために集団で無視し、
うわべの話に終始する偽善的な症状を指す
『日本病脱却マニュアル 自分で自分を救うワークブック』、
『【決定版DVD】日本病脱却マニュアル』も同時発売中!
ヒカルランド

ヒカルランド刊

日本病
脱却
マニュアル
Manual to cure japanese disease
自分で自分を救う
ワークブック
坂の上零
Sakanoue Rei
【決定版DVD】
『日本病脱却マニュアル』
【コラボBOOK】
『死に至る病い 日本病』
同時発売中!
あなたの人生を
100%変える
運命の書
坂の上零が、死に至る病、日本病から脱却する処方箋と、
これからの大激動期を生き抜く
サバイバル方法をご提供します!

ヒカルランド刊

決定版DVD
日本病
脱却
マニュアル
坂の上零
Sakanoue Rei
死に至る病い
決定版DVD
3
枚組
魂の死
正義の死
国家の死
【コラボBOOK】
『死に至る病い 日本病』
『日本病 脱却マニュアル』
同時発売中!
DVD
VIDEO

発売 ヒカルランド

はこういう感情を持っているからこうしてほしい」という言い方ができる。そうすると、「わかりました。こうしてほしいんですね。じゃ、こうしましょう」という会話のキャッチボールができる。それは感情をぶつけるというのではなくて、論理的な思考に基づいて、何に対して自分は不快なのか、何に対して自分は感動しているのか、何に対して自分は賞賛しているのか、あるいはどういう意見を持っているのかということを活字で読んだことがないし、作文とかもあまり書かなくなってしまったので、その能力が全然使われていないのです。ネットで調べられるからと言うけれども、あれは全然ダメです。やっぱり読んで書くことが非常に重要です。

だから、学校は読み書きが先なのです。読み書きができないのに、次に行けない。読み書きができるから、数学やほかの教科もわかるわけで、読み書きが基準です。読み書きをやらない今の日本人の脳は全然ダメです。思考ができない脳になってしまっている。だから、子どものままです。「イヤだー」「楽しい」「キャーッ」。バカかということになってしまう。もうちょっと自分の気持ちをちゃんと言葉で表現することが必要です。

そのためには、読む、書くが基本です。当たり前なのですけれども、皆さん、なかなか書かなくなってしまって、大学生でも原稿用紙2枚書けない。どういうことですか。卒業論文とかも、どこかからパクってくる。ちょっと変えて、パクって出すという技をバレないと思って使う。そういうのは自分で書いてもらわないとダメです。

デジタル社会になってきてよい面もあるけれども、悪い面もあって、自分で読んだり書いたりすることがなくなった。本を読むことは基本なので、やっぱりデジタルではなくて、本でないと知性は育ちません。思考力も育ちません。まず、英語よりも日本語です。日本語の本をちゃんと読むこと。自分を高める本をたくさん読むことですね。ただし、新興宗教みたいなものとかはちょっと避けたほうがいいかもしれません。

⑨自分自身の褒めるべき点を褒めて、改めたい点を改めるように左右対比で書き出してみること

これはやめるというよりは、やってくださいということです。

そうすると、客観的に自分がわかります。「自分はこういういいところがあるな」、「ここは褒めていいな」というのを右側に書き、自分が改めたい点を左側に書く。改めたい点だけではなくて、自分を褒める点もいっぱい書いてあげてほしいです。「こういったところが私はすばらしいな」、「こういったところがいいな」と、自分で自分を褒めてあげる。結構責めることはあっても、褒めることをしない人も多いので。

ただ、勘違いはいけませんよ。デブなのに「私はスマートだ」と思っていたらいけない。

ありのままを見ることが大事です。昨日、自分自身を見て、ちょっとがっかりしました。「エッ、こんなに私は太っているんですか」と。仕方ないです。現実を見るのはつらい。でも、しようがないですね。

Part 11

ともに滅ぶのではなく、ともに生きるために！

新しい世界を自分たちでつくる

では、聖なる人になるための10のステップです。

いよいよ来ました。本当はいろんなセッションをやってからやるのに、3時間でやるから大変なんです。聖なる人といっても、そんな簡単にはなれないのですけれども、実は、今から言う10のことが起これば簡単になれてしまうということです。

究極の禅問答ではないですけれども、修行が厳しいことで有名なヒンズー教とか仏教あるいはキリスト教。今はないのかもしれないけれども、修道院みたいなところにいて一生無口とかね。ずっとしゃべらない行をしているらしい。しゃべりたいのに、つらいですね。

ヒンズー教のサドゥーと言われる聖者は、何か1個のことをずっとやるらしい。「私は一生、四つんばいで歩きます」、「私は一生、爪を切りません」、「私は一生、ごろごろ転がっています」、「私は一生、肉を食べません」、「私は一生、しゃべりません」。「それをして何になるの？」と、私ははっきり言って思うんですけれども、そういう世界があって結構真剣にやっているわけです。

何のためにやっているのか。悟りたくて、神につながりたくてやっているのです。神へのサクリファイス（自己犠牲）で、「神様、私はこれだけ頑張っているんですよ」ということを見せるためにやっている。

そんなことをして神は喜んでいるのかどうかわかりません。たぶん喜んでいないと思います。しかしながら、そういう宗教者が結構います。仏教なんかも結構厳しいです。ある宗派であれば、ある程度の修行が終わると3年間の旅に出なければいけない。3年間、托鉢だけで生きるらしいです。

さっきも言いましたけれども、我々はこれから滅んでいくのか、それとも新しい世界をつくっていくのか。この地球上で、ともに滅ぶか、ともに生きるかを選ぶしかない。できれば、ともに生きるほうを選びたい。それだけの知性は私たちにはあると思います。

はっきり言えば、このままいけば、30年以内に地球上に人類が生息することが厳しくなるぐらいの環境になってきます。今でさえ、地球上の昆虫が何と70％ぐらいが死滅したか死滅寸前だそうです。私もびっくりですけれども、これはオックスフォード大学が言っているのです。昆虫がいなくなるということは、次は植物、動物にも影響を与えますからね。

今5Gが日本で売られるようになりましたけれども、5Gがどんどん進んでいけば、今度は鳥とか昆虫がかなり絶滅してしまうのではないかという声が上がっています。今度6Gも来る。もう来なくていいよと思うけれども、どんどん技術が革新していて、もうやめてという感じですね。これ以上便利にならなくていい。便利になるかわりに昆虫たちが死滅してしまう。昆虫たちがいなくなった世界に鳥も住めない、獣も住めない、森は枯れる、大地は荒れる、水源もなくなる。こんなのでいいのでしょうか。いいわけないですよ。

本当に人間は賢いのか愚かなのか、もうわからない。地球を壊してしまうような、これ以上の技術革新は要らないということです。だから、これを止める知恵も必要です。そういったことを政治でやらなければいけないのですが、たぶん無理でしょう。推進するほうに回るんじゃないでしょうか。

このままいけば、私たちの子どもたちにこの地球を残してあげること、この地球上で普通に人間として暮らしていくことが厳しくなってきます。我々はもう結構生きたからいいじゃないかではなくて、今から生まれてくる子どもや、今まだ小さい子どもたちが大人になって未来を抱けないような地球を残してしまうわけです。

だって、頑張ってもあと30年ですから。皆さん生きていますよ。ということは、早急に新しい社会の仕組みをつくらなければいけないのです。

しかし、今それを政治家に任せることはできない。

なぜならば、今の既存の勢力からおカネをもらって政権をいろいろ運営したりしているでしょう。無理に決まっている。だから、新しく聖なる人たちがあらわれて、各地ではこぶねコミュニティーのビレッジをつくって、五つの自立を果たす新しい時代、新しい社会を自分たちでつくることが必要です。

私もつくりますけれども、私だけがつくるのではない。皆さん一人一人が聖なる人になって、ミニ・マザー・テレサではないけれども、自分たちの地域を地上天国の礎になるようにしていかなければいけない。

埼玉県川口市に住んでいる方は、埼玉県川口市の近辺が地上天国になるように、北海道に住んでいる方は、北海道の近辺が地上天国になるようにしなければいけない。それをどうやってやるのかは、『坂の上零の地球を救うホップ・ステップ・ジャンプ！』という本がありますから、それを読んでいただければ、具体的にこうやるんですよと書いてあります。それを皆様が各地域でやってもらえたらいいということです。

つまり、はこぶねコミュニティーみたいなビレッジやコミュニティー社会を自分たちで

金融崩壊をサバイバル
坂の上零の
地球を救う
ホップ・
ステップ・
ジャンプ！
坂の上 零
Rei Sakanoue
新しいマネーAngel Bank《エンジェルバンク》と
新しい共生体Noah's Ark Union《はこぶねコミュニティー》
国際特許に基づく具体的な救済方法
これがアフターコロナの詳細な設計図だ！

ヒカルランド刊

つくっていく。小さな自己満足の社会にならないように、役人、観光協会、医師会、商工会議所、漁師さん、生産者さん、卸売市場さん、学校の先生、大学の先生、いろんな人がそこに入って、職業の壁を取っ払う。ただし、心ある人だけね。心ない人、邪悪な人は要らない。要は、その地域に未来をつくろう、天がつくりたかった世界を地上につくろう、この地球を子どもたちに残そうという心がある人だけが集まってくれたらいいです。

主婦、料理人、ホテルの女将さん、いろんな人が集まって、みんなでその地域を地上天国にするためにどうしたらいいのか。そこに自分の利権とかどうでもいいような狭い意見を入れるのではなくて、もっと高い視野からモノを見て、じゃ、エネルギー政策はこうしよう、何はこうしようという意見があると思うのです。はこぶね組合のほうで、ある程度の政策はつくっていますけれども、各地域の人たちでないとわからないこともあるから、そういったものはやってもらう。

ただ、絶対やってもらうことがあります。

例えば、給食のオーガニック化とか無農薬の農家さんをふやすことです。そういう活動を皆さん一人一人がやっていってもらいたいと思っています。そういうのを各地域でやるだけではなくて、全国区で組織、組合としてやっていきながら、お互いに守り合う仕組みです。こっちで何かあったら、あっちが助ける。あっちで何かあったら、こっちで助けるというような形で守り合う。コミュニティー同士も、ポツン、ポツン、ポツンとあっても、今からの試練には耐えていけないと思います。

なぜならば、そんじょそこらの試練ではないような試練が来ますので、気がついている人たち同士が助け合うしかない。日本中でコミュニティー同士が助け合う。

そして、日本だけではなくて、NAUポイントで物々交換するCOCONAUの市場がアメリカ、ヨーロッパ、ロシア、インド、中国、アフリカ、中南米にも広がれば、そこのコミュニティーのメンバーたちともNAUポイントで物々交換したり、あるいは今でいう交換留学生のように、こっちのコミュニティーとあっちのコミュニティーの子どもたちに体験留学させましょうとか、いろんなことができるようになってくる。そういったことも単独ではできないので、大きな流れをつくっていきたいと思っています。

聖なる人になるための10のステップ

こういう聖なる活動をしていきたいと思っていますが、それは聖なる人になるために通るステップでもあります。もうすぐ「アースセイバー・地球を救う者」という新しい職業をつくりますが、アースセイバーは具体的に人と大地、地球を汚染から救っていき、地惑にすばらしい調和と好循環をもたらすことを仕事とする人々です。職業なので、これらを達成した分だけ報酬を得ます。この職業や、ボランティアなどの地球浄化と人間の人命救済を行動で実践していきます。NAUはこぶねとして、または、アースセイバーとして。具体的な行動を通してでないと、人間は変われません。机上の空論になってしまいます。

では、聖なる人になるための10のステップにいきたいと思います。

①解脱と悟り

ここに尽きるというところがあるんですけれども、簡単に言うなよという世界です。さっき言いましたね。解脱をして悟ること。解脱というのは、人間の世界をある意味捨てるというか、もうたくさんだということで出る。でも、自分が出たいから出るのではない。「ここでの学びは終わった」ではないですけれども、いわゆる餓鬼畜生の六道輪廻、カルマ、自分の苦しみを生みながら輪廻転生を繰り返して、何度も何度も同じところをぐるぐるやるのではなくて、もうそれは終わった、十分やった、もういい、次の段階に行くんだというのが解脱です。六道輪廻のカルマから卒業することを「解脱」といいます。これは仏教用語です。

②絶望を知ること

偽スピリチュアルだと絶望させないのです。

絶望から目をそらさせる。楽しいことだけしていましょう、幸せなことだけ考えましょう、みんなでハッピーにというのも結構ですけれども、それは既に聖なる人がやることであって、まだそこまでいっていない人たちがやっていても、ただの自己逃避になってしまいいます。

それを低いレベルでやってしまうと、さっき言ったようなコンフォートゾーンで群れるとか仲よしごっこをするという次元に落ちるから、いけないと言っているわけです。いつまでも現実から逃げて日本病でありつづけてはいけません。ふわふわゾンビになってしまいます。それは魂の死です。だから、まずはこの世の絶望、人間の本質への絶望を知る必要がある。

でも、絶望を知りたいから知るというよりは、ある意味、見たくない自分や自分自身の闇を直視するということです。自分自身の痛みとか、あるいは、なぜかわからないけれども、こういう思考になってしまう。なぜかわからないけれども、私はこういうときにこうしてしまう。なぜかわからないけれども、いつもこうなってしまう。そういったことがパターン化されていることに気がつかないといけません。

自分の闇、自分の中につくられているパターンがある。なぜか知らないけれども、こういうことになってしまうとか、私もありました。私は愛した人とは一緒になれないというパターンがありました。今は、そういうことさえ望まなくなったからいいのですけれども、私にもそういうときがあって、そういう執着があった。

私は愛情に飢えていたところがあって、愛されたいという気持ちがすごく強かったのです。特に男性に愛されたいという気持ちが強くて、若いときは、それなりに見られたものだから、結構ワーワー寄ってきてくれたけれども、常に心がむなしかった。そういうむなしさを埋めてくれる誰かを探していたのですけれども、あるとき、気がつくのです。いつまでいってもむなしさは残る。そのむなしさを埋められるのは神と自分だけで、相手ではないのです。

しかし、相手に過剰な要求をするとか、結構ニーディーでした。つまり、くれくれちゃんで、「私を見て」、「私を愛して」。変な感じですけれども、嫌われることとかひどいことをわざとやって、「それでも私を愛しているの？」、「それでも私を求めてくれるの？」みたいな、相手を試すようなことを結構していました。

何でこういうことをしてしまうのか、自分でもわからなかった。好きな人、愛している人なのに、わざと傷つけるようなことを言ったり、嫌われるようなことをして、それでも相手が去っていかないか、それでも私を愛してくれるのか確かめてしまうという自分がいたのです。

　何でこんな幼稚なことをしてしまうんだろうと思っていましたけれども、やっぱりその原因があるわけです。これは1時間、2時間でできることではないけれども、私のセッションで、自分なりにそのときの原因があって、そこに一回戻らなければいけないのです。

私にずっとあったのは、小さいときの自分で、愛されたかったけれども愛されなかった。ずっと我慢してきた。そして、本来だったら私を一番愛してくれるはずの人だったのに、その人から拒絶されたとか、いろんなことがあったので、その人に対して本来そこでやらなければいけなかったことを、出会う男性に対してやってしまうのです。「それでも愛してくれるの？」みたいな、とんでもない人だった。そんな人は重いのです。

また、自分が本当に愛した人とは一緒になれないというのがトラウマのようにずっとあったわけです。実際そうでした。でも、それも含めて、結局、自分が生み出したことなのです。だから、私が気づくまでそれは続くわけです。気づいて手放してしまえば終わる。そこの次元にはもういないんです。

　しかし、気づかないで、手放さないで、ずっとそれをやりつづけている限りは、その次元にずっといますから、その人と別れて、ほかの人と会ってもまた同じこと。その人と別れて、ほかの人と会ってもまた同じこと。結局、同じことをぐるぐる繰り返すことになります。

こういったことをほとんどの人は直視したくないのです。

自分の身に起こる不幸なことや苦しいことの原因が自分にあるとは思いたくないじゃないですか。誰かのせいにしたい。そのほうが楽だからです。しかし、それを呼び込んでいるのも自分です。それに気がついたときに変われる。それを卒業することができる。捨てることができる。だから、気づくことが大事です。自分の苦しみを生み出す原因や自分の闇を直視する。そして、それと向き合うことが、聖なる人になるための二つ目のポイントです。

見たいこと、美しいものだけを見る。汚いもの、つらいものは見たくない。昔に、痛い、怖い、苦しいという感情があまりにもあると、それを再現されたくないというのがあって幾重にもブロックをかけてわからなくなってしまうのですけれども、結局そこが癒やされない限り、ずっと続くのです。そういったことを自分自身で終わらせていく必要があるということなのです。

③カルマ、苦しみを生み出す原因がどこにあるのかを知ること

さっき言ったことと同じです。自分の中にある闇と対峙することです。

私はめちゃ明るくて結構無邪気に見えますけれども、昔はずっと自殺願望がありました。今もその気《け》はちょっと残っているんですけれども、ずっと死にたいと思ってきた人なんです。かなり苦しんできた。重度の鬱病でした。自分自身で重度の鬱病を治したので、どうやったら鬱病が治るかもわかるのです。どうして鬱病になるのかもわかります。

私の中にも闇がありました。光もあったけれども闇もあった。光の部分だけを見て闇を見ないということはできないのです。

そして、自分の中にある闇と対峙することに決めた。私はそういうのを見たくないから、私の悲しみの原因や、私の苦しみを生む芯の根っこからずっと逃げてきた。私の闇と悲しみはあまりに大きくて、対処不可能でした。どうしたらよいのか、私も全くわからなかった。死にたかった。消えたかった。だから、愛する人への依存度が強くなった。しかし、その人を失うと全てが消えてしまった。何のために生きればよいのか、ポッカリ穴があいて、やはり死にたかった。こんなに苦しむならと、生まれてきたことを悔やみました。なぜ、私は悲しむのか。私の悲しみはどこから来るのか？　でも、怖くて、見たくなくて、逃げていました。恋人や仕事や、ピアノに。しかし、見たくないから逃げていると、それ

はずっと追いかけてきて、どんどん大きくなっていくのです。

あるとき、It's enough、It's no more（もう十分だ、これ以上苦しみたくない）と思って、自分の闇と対峙することにしました。

私はどうしたかというと、これは鬱病の人にもお勧めですけれども、今までの自分のお葬式を自分でやったのです。そして、私はこれからどういう人間になりたいかというのを全部書き出して、そこに名前をつけたのです。それをレベッカといいます。私のクリスチャンネームです。

私は「レイコさんは死にました。これからレベッカになります。レベッカとはこういう人です」とダーッと書き出して、何と今そのような人になっているのです。

だから、本当にできます。重度の鬱病は本当に苦しいのですけれども、薬を飲んでも治りません。精神科に行っても無理です。私も、自殺しないように独房のようなところに入れられていました。だけど、そんなことをしても治らない。

自分で自分を癒やすプロセスをやっていかなければいけないけれども、癒やすというのは甘やかすのではなくて、自分の闇や自分の苦しみを生み出す原因にちゃんと自分で向き合って、それを終わりにして、癒やして、自分自身で抱き締めてあげるということです。

これは誰かにやってもらうものではありません。自分でやるプロセスです。

私はレベッカになると決めて、「これからは私の人生はレベッカとして生きる。レイコさんは死にました」と言ってお葬式をして、レベッカになったわけです。極端ですから、それまでのものも全部焼いてしまいました。

アメリカではレベッカと呼ばれていました。一番最初にボンとクリスチャンネームが来ますから、レベッカ・レイコになっていて、ベッキー、ベッキーと呼ばれた。日本ではそういうのはないですけれども、アメリカではクリスチャンネームも名前で、そこを書く欄がある。そういう仰々しい式までやりました。

でも、一気にいったわけではありません。ずっと引きずるし、つらい。だけど、10年ぐらいの単位で振り返ってみたら、何とレベッカになっているのです。あのときに書いた「私はこうなりたい。こうあろう」と思った人間になっています。だから、自分のなりたい自分にあなたもなれるのです。私がその証だから。

精神科に行く必要もないし、薬を飲むこともない。自分の苦しみを終わらせるのは自分だけです。新しい人生を始めることができるのも自分だけです。そして、その力が皆さん一人一人にあるのです。

神につながるのに修行に行ったり、ゼロ磁場に行ったり、写経したり、セドナに行ったり、宇宙船に乗ったり、宇宙人に会う必要もありません。自分自身の中に神との入り口があります。結局そこに到達しない限り、どこに行ってもダメだということです。

聖なる人になる三つ目は、カルマや苦しみを生み出す原因がどこにあるかを知ること。自分の中にある闇と対峙する、そして、それを終わらせるということです。現実を直視したら絶望しかないことがわかります。

しかし、現実を直視せず、闇から逃げ回っていては、自分の日本病からも逃げていることになります。こういう状況にあるのにスピリチュアルなことをやっても言ってもダメです。これを卒業した人がやる分にはいいですよ。だけど、いろんな闇、トラウマ、苦しみを生み出す根をまだ引きずっていて、それが終わっていないにもかかわらず、神だ、天だ、宇宙だ、シリウスだと言うのは冗談じゃないという話です。自分自身が苦しみを終わらせていないのに、スピリチュアルもクソもないです。

それを終わらせていない段階でやってしまうと、さっきも言いましたけれども、自己逃避になります。そして、低級のものと連動してしまって、自己満足してコンフォートゾーンになって、そこから出られないからダメなのです。

それがどんどん高じていくとどうなるか。偽善者になるんですよ。誰に対する偽善者か。自分自身に対する偽善者です。

自分はいい人だ、すばらしい人だと勝手に思ってしまいます。しかしながら、本当はまだ日本病なのです。いろいろ解決していないものもある。解決するべきものを解決してから次に進むべきなのです。

すばらしいスピリチュアルな人はいっぱいいるのですけれども、結構スピリチュアル系の人は現実破綻者が多いです。現実的には経済が破綻している、あるいは自分で稼ぐ力がない、人格は大したことがないという人が多い。でも、そういった人が宇宙やほかのシリウス星人、宇宙語、神、天、YAP遺伝子、いろんなことを言います。

だからといって、その人が人格的にすぐれているということはありません。人格がすぐれていなくて、神とつながっていない人にスピリチュアルもクソもありません。それは現実逃避です。先生と言われている方でも、そういう人が結構います。

私はズバリ見抜きまして、言いますからね。だから、みんな怖くて来ないけれども、本当にそういうことが大事なんです。まず自分の人格がちゃんとしていないのに、スピリチュアルは語れないということです。そういうことをやっていると偽善者になります。多くの人をミスリードしてしまいます。

なぜ偽善がダメなのかというと、偽善は悪人がやる悪よりも悪いからです。まだ悪のほうがいいのです。なぜならば、悪人は悪いことをしているとわかってやっています。だから反省したり悔い改めたりすることに近いけれども、偽善者をやってしまうと、それがわからなくなってしまうのです。どこまでが偽善で、どこまでが本当かわからなくなって、自分をだますのがうまくなってしまうので、これはいけないということです。

そういう自分のカルマ、業、闇を隠し持ったまま神につながることはできません。聖なる人にはなれません。聖なる人に向かっていないのにスピリチュアルなことを語ったら偽善になります。だから、スピリチュアルや、神、天、宇宙、古代の秘密や、世直しなどを語る人々には、偽善者が多いのです。気をつけてくださいね。私もそうならないように気をつけないといけないんですけどね。

④自分の弱さと向き合う

何で偽善的になるのかというと、弱いからです。本当に強い人間は偽善者であることがわかるし、偽善はイヤなのでやめます。やらないです。だから、自分の弱さに向き合うことです。

どういうときに弱くなったり、自分らしくなくなるのかというと、大体が「もし食べていけなくなったら」という不安に襲われるときです。これが一番大きいのではないでしょうか。

⑤もし食べていけなくなったらどうしようという恐怖を克服すること

一言で言うのは簡単ですけれども、これは結構難しいです。

恐怖の克服というのがおそらく解脱や悟りの中で一番難しいかもしれません。なぜならば、我々は本能的に恐怖を骨の髄まで刻まれている生き物だからです。特に生存本能に関する恐怖は大きいものがあるのです。我々はずっとそうやって、何代も何代も生存の恐怖にさらされてきました。「生きていけなくなったらどうしよう」、「今の仕事がなくなったらどうしよう」、「病気になったらどうしよう」、「あの人が死んじゃったらどうしよう」、「今ある幸せがなくなっちゃったらどうしよう」、「貯金がなくなっちゃったらどうしよう」。

でも、全部なくなったとしても、またゼロから生み出せるという自分の自信みたいなものがあれば、そういう恐怖には支配されません。

自分以外のものに依存するから恐怖が出てくるのであって、自分以外のものに依存しない自分になれば、恐怖は半減します。それでもまだ生存に対する恐怖は残ります。これは根深いです。我々も動物だから。

特に人間は弱い種族でした。ライオンみたいに強くなかったのです。だから、集団で守り合って生きてきたわけです。弱いから、武器をつくり、火を起こし、知恵が発達して、今こうやって人類が席巻しました。これだけになってしまったのも、もともとは種として弱かったからです。

でも、みんなで協力し合ってやってきて、知恵、学問、言葉ができた。言葉と文字ができて、その知恵を次の世代に伝授することができるようになったから、どんどん知恵が蓄積して、いちいちゼロから学ばなくてもよくなった。そして、その恩恵の上に我々は生きている。今は人間がほかの動物たちを絶滅させるところまで来てしまったわけです。

何でそこまで人間が強大になって頭もよくなったのかというと、もともとは弱かったからです。知恵を使って何とかするしかなかった。我々がもしライオンみたいに強かったら、そんなに頭がよくならなかったかもしれない。でも、知恵の蓄積の末に、生存への恐怖をもなくしていく。つまり、「何があっても大丈夫だ。食べていけるんだ」。そして、何があっても大丈夫だと思える根拠の一つに、「天が私を見捨てるはずがない」、「天が私を守ってくれている」という確固たる信念というか安心感みたいなものを持つことができるようになります。

これもセッションでやっていきますけれども、自分の中にある真我、タマネギの芯みたいなものにたどり着いたときに、本当に神とガシッとつながるときがあって、わかるのです。その後に、不安とか恐れといったものがほぼなくなっていきます。と同時に、変な執着、「何が何でも生きたいんだ」、「私は絶対有名になりたいんだ」、「私は絶対にこの事業で成功して数百億欲しいんだ」と思わなくなってくる。かといって何もしないわけではありません。

でも、それをやるにしても、何のためにそれをするのかという動機が、「どうだ、俺は偉いだろう」とか「どうだ、俺はこれだけ成功した」ということではなくて、「地上天国をつくる礎になるためにやりたいんだ」、「この病気を治すためにやりたいんだ」、「原発にかわる新しいエネルギーをつくるためにやりたいんだ」とか、もっと崇高な目的に変わっていきます。そういう人たちが一人ずつふえていったら、地球は放っておいても天国になるわけです。そういう人たちがどんどんいなくなって、「自分さえよければいいんだ」みたいな人がふえると地獄になっていくという、ただそれだけのことなのです。

⑥自分を縛る恐怖の原因を知ること

恐怖は、さっきも言った生存への恐怖が一番強いんですけれども、人によってはかなり大きな、その人にしかない恐怖を持っていることがあります。

例えば、何だかわからないけど、犬を見たらめっちゃ怖い。あるいは女性が怖いとか、その反対もあるでしょう。あるいは「ピーマン嫌い」と言っている子どもと同じなんですけれども、何でそう思ってしまったのかという原因、背景がありまして、セッションや自己との対話で自分が恐怖している原因を知るべきではないでしょうか。

つまり、自分は本当のところ、一体何を恐れているのか。これも恐怖を克服するためのセッションでやるんですけれども、自分が恐れているものを書き出してもらって、私のセッションの中で、それが生じた原因と背景、なぜそれが起きたのか、そこから学ぶメッセージなども明らかにした上で、その中で一番恐れているもの、「何でそうなの？」というところを追求していきます。それがなかったとしてもいいじゃんと思えるようになったら、恐怖が恐怖じゃなくなる。

たったそれだけのことなんですけれども、皆様それぞれいろんな過去や想い、いろんな感情を抱えているので、なかなか思えないのです。だけど、一旦思えたらころっと変われる。昨日まで、犬が来るだけで怖がっていたけど、もう大丈夫、さわれるようになります。ずっと自分を苦しめていた自分でも正体がわからなかったさまざまな「心の中につくってしまったお化け」や未解決のストーリー、心の傷などがセッションを通して、気づきや、目覚めに変わるので、そうしたら、自分の心の中の「お化け」がいなくなり、起きてくる現象が変わります。人生、生活が一変し、上昇します。あなたが自由になったから。不思議ですよ。人間のメンタルはそれぐらい強いのです。

何だかわからないけれども、赤いものが嫌いだとか、先のとがったものがダメだとか、その人にしかないものがあるのです。あなたを救う人は、あなたなのです。ほかにはいません。私のセッションはそのやり方を教え、導くだけ。

例えば、国語で本を読ませるじゃないですか。知性を育てるために読み書きが基本だからです。立って教科書を読ませるとき、私の小学校のクラスメートのナカジマ君は教科書に書かれていることが読めない。怖くて怖くて、活字を見たら机の下に隠れてブルブル震えている。何なの？　という感じです。ほかの人にはそういうことはないのですけれども、この人は活字が嫌いで、本を読むことが耐えられなくて苦痛なのです。なぜかわかりません。これを精神科に連れていって、病気だ何だかんだとやってはいけないのです。やっぱりその人がそう思う原因があるので、そこを突きとめてそれを癒やしてあげるしかない。その人が、「へえ、活字って大したことないじゃん」と思えるようにしてあげないといけない。そうしたら、あれだけ怖かった活字が怖くなくなります。あなたの中の怖れは解決できるのです。

⑦日本病を克服する

日本病とは何かというと、私の本を読めばわかるんですけれども、今すぐ何とかしなければいけない問題を集団で無視して、何も問題などないふりをする、やったふりをするという偽善的な行為です。

何でこういうことをしてしまうのかというと、自分の保身や立場を守りたいからです。これが日本病であって、こういう日本病の人がふえているから、日本が劣化したんだよということを指摘した本があります。

誰しもこの傾向を今強く持っています。この日本病というのは、恐怖に根差しているから、さっきも言ったように、自分は一体何を恐れているのかをまず知ること。そして、自分が恐れているものが、実は自分の誤解とか思い込み、あるいは何がしかの終わっていないものであって、それが怖くないと思いさえすれば怖くないのです。本当に怖くなくなってしまうわけです。昨日まで、水がとても怖くて一歩も足を入れられなかったのに、プールにジャブンと入れるとかね。マインドブロックをとってあげることによってそういったことが起こります。

お母さんたちは、何かがあるからといって、すぐに精神科に連れていって薬を飲ませないほうがいいです。精神科だけに限らず、すべての科に言えるのですが、とにかく精神科に行くと、正常な、個性が強い人も、何かの病名をつけて、病気にされてしまいます。そして、病名がつけばその薬を出される。それを飲むと、正常な人だったのに、少し悲しみが深いとか、愛にうえているとか、傷を抱えていただけ、または個性が強く普通の感性ではないだけなのに、本当の病人になります。だから、精神科や薬にたよらないことが大切です。それよりも、あなたに特定の行動をとらせる原因や、あなたが「怖い」と思った原因のところまで行って、それを癒やしてあげたほうがいい。自分で、自分を癒やしてあげるのです。私のセッションは導くだけ。気づかせるだけ。あなたを救うのは、あなたなのです。もしかしたら、そのときじゃなくて、その前の記憶までいかないといけないかもしれないですね。これはまた特別なものなので、聖なる人とは関係ないんですけれども。

⑧芸術や音楽、自然を愛して、心から感動する心を育てる

これは、神が言っているかどうかわかりませんけれども、私には有効な方法。私が音楽、芸術が好きだからです。

これは私の考えですが、感動するから人間なんじゃないかと思うのです。感動しない人生なんて、生きていると言えるでしょうか。感動するのは本当に理性、理屈を超えてすごいものがあります。絵も感動するし、文学も感動するけれども、一番感動するものは、私の主観ですが音楽だと思います。その中でも特にジャズとかクラシックというのは圧倒的にすごい力を持っています。

この世で最も神に近い、すばらしい感動は音楽のエネルギーだと思います。数学も物理

学も神に近いですけれども、一番近いのは芸術ではないだろうか。その芸術の中でも神の本質とも言えるのは音楽ではないだろうかと私は勝手に思っています。これは私の主観なので、間違っているかもしれないですが、音楽にはそれぐらい強いパワーがあります。音楽の中に作曲家、ミュージシャンは、生命を創造できますので、すごい音楽は作家のそのときの心が生命を宿し、形がないからこそ、不変性を持って、永遠に生きることができるのです。すぐれた自身の音楽作品の中に。

実際、神は音楽が好きです。朝、起きて歌ってあげてください。大宇宙意思の源の神は、結構喜びますよ。ちゃんと聴きます。あまりわけのわからない祈りとか聞かれませんけれども、音楽は好きみたいです。心から歌っていないとダメですけどね。心から歌ったり演奏して神に捧げると結構喜びます。神は歌が好きです。ヘタでも、心から祈りをこめて歌うと聴いてくださいます。実際、言葉になり得ないほどの深い想いは、すごい音楽か、または沈黙の音楽にしかなりません。だから、教会では賛美歌やゴスペルを神に捧げます。インドでは、般若心経は歌なんです。日本ではお経ですが。お経も歌、祝詞《のりと》も音楽ではないでしょうか？　そう思います。私の理解では、ほぼ全ての宗教が、音楽や歌、踊りを神に捧げるのは、神が音楽に宿るからです。

あと、自然を愛する、心から感動するということが必要です。感動すると、生きているぞ感が強まるし、人間の細胞も活性化するのではないかと思いますし、とにかく感性が高まります。安定はしているかもしれないけれども感動しない人生なんていうのは、私から言わせれば牢獄に入っているに等しい。ちょっとジェットコースター的で、時々すり傷もあって、恐ろしい思いもするかもしれないけれども、感動のある人生のほうがいいんじゃないかと思います。

⑨自分自身の人生を神に捧げて、自分の我欲、私心を完全に捨て去る

これが解脱するということです。

そして、大宇宙意思の源の意思を自分自身がなすために生きるということであります。

実は、私自身はそういうことをやっているつもりです。「はこぶね」をつくりなさいという天命が与えられたから現代のはこぶねをつくっているわけです。私のためにつくっている、私がしたい事業だというよりは、人類救済のために神が「やれ」と言っている現代のはこぶねづくりです。これからできてくる地上天国の礎をつくっている。全員滅ぼされるわけにはいかないし、残すべき種人《たねびと》を残すため、天然の種や植物、動物を残さないといけないからやっている。だから、NAUの自然栽培を推進していき、日本と世界中の大地を浄化し、自然を元に戻していくため、人々を無病化して、本来あるべき共存共栄の、助

け合いと幸せな社会を実現していくわけです。五つの自立を叶え、ＮＡＵポイントで物々交換するＣＯＣＯＮＡＵを世界中に広げていくのです。おカネの要らない世界をつくっていきたい。人々をおカネや、食べられなくなる怖れから助けたい。そうしたら、「天がつくりたかった世界を地上につくる」天のご意思をこの地球で、少しでも実現していけますよね。だから、五つの自立を目指した新しい国づくり、新しい地球づくり、医食同源ＮＡＵ、はこぶねコミュニティー、ビレッジづくりが大切です。自然栽培だけをしているのではなく、リアルなビレッジをつくって、五つの自立を叶えていく。世界中の大地を無毒のオーガニックにしていく。守るべきをまとめて守りＮＡＵの組合サポーター同士、助け合い、ＮＡＵで物々交換する。本当にノアの方舟だなと思います。

⑩慢心を持たないようにすること、謙虚であること

さっき言った、ジェダイがダース・ベイダーになってしまうところがありますね。「♪ターンターンターンタータタンタータタン♪」のジェダイは、ほぼ全てを悟り、いわゆるルシファーみたいな人です。全てを知って、知恵の塊で、剣術やあらゆることにたけて、みんなから尊敬されていた神の戦士のジェダイがなぜダース・ベイダーになってしまうのか。謙虚でなくなり、魔が入っていくのです。自分が神だ、自分の世界だ、俺がやっ

たんだ、私はもっと承認されるべき人間だという気持ちになってしまった。優秀だからそうなってしまうのです。それなら優秀じゃないほうがよかったぐらいです。

慢心を持たないで謙虚であるために必要なことは、たとえその人が偉大なことをいっぱい実現して、みんなが尊敬していても、「俺がやったんだ」、「俺の名前を歴史に残そう」、「俺の銅像を建ててもらおう」、「私こそ救世主だ」、「私は神とつながっていて、神の秘技を教えてもらった」、「俺を拝んでもらおう」、「俺の新興宗教をつくろう」とか、その想念に邪が入る。すると、神とルシファーを間違ってしまうか、神に仕えていたはずが、いつの間にか、神が離れて、ルシファーに仕えるようになっていた、という悲しいことになってしまうのです。要は「俺の」というのがダメなのです。「私に従え」「私が正しい」「私を認めろ」という「我」を捨てること、そして、ルシファーにではなく、神に仕える人になること。「我をとる」「私、私の」の想いをやめていく。できる人、優秀な人は成果を出せるので、すばらしいのですが、「私を認めよ」「私がやった」という想いになりがちです。

それはどういうことか。そういうことができたのは、その人もすばらしかったけれども、神の意思と力がそこに働いたからです。神に栄光を返していればよかったのです。「自分がやった」ではなくて、「やらせていただいた」と、神に仕える立場をずっと貫くということです。自分が神にならない。ここが大事です。しかし、優秀すぎてしまうと、残念ながらうぬぼれが入ったり、慢心になってしまう。これが一番ダメです。どんなときでも謙虚で栄光を神に返すことがとても大事です。

そうでなくなったときには、その人は全部とられてしまうということです。多くの人の喜びが自分の喜びとなること。自分だけの喜び、自分の家族だけが助かればいいではなくて、人類みんなが喜びを味わえるような形に持っていく。つまり、喜びの質を高めるということです。自分や自分の家族だけから、もうちょっと高いところに喜びの質を持っていく。

そして、最後に一番大事なことを述べます。ここが一番難しい関門です。ルシファーが落ちたのはここです。おごらない、謙虚であること。彼はおごりました。謙虚でなくなってしまった。全ての知恵を与えられていて、神のごとき知恵だったのにもかかわらず、そういう有能な人に謙虚さがなくなってしまったらどうなるのでしょうか。「♪ターンターンターンタータタン♪」と、突然ダース・ベイターになってしまう。

前述したように、ルーカスさんがすごいなと思うのは、あれはルシファーの物語をやっているのです。『スター・ウォーズ』でそれを伝えたのだと思います。

有能なのに「俺を見ろ」「俺が正しい」「俺がやった」「俺の世界だ」「俺が教えてやる」「俺に従え」「俺を認めろ」となると、落ちていきます。できる人に謙虚さがなくなれば、どうしても邪が入ってしまいます。せっかく神のすごいお力を体現する人だったにもかかわらず、邪悪になってしまう可能性があります。そうすると、邪悪の王みたいになってしまって、そっちのほうで強くなる。大宇宙意思の源の神に仕えていたはずが、いつしか、自分の心に邪が入ったことにより、ルシファー、悪魔に仕えるようになっていた、という本末転倒が起きてしまうのです。これでは、せっかくの優秀さが、台無しです。悪人の悪よりも、神に近い人の裏切りのほうが、すごい悪影響を及ぼします。

ルシファーが堕落した理由から我々が学ぶこと

ＷＥＢ中継の視聴者から「ルシファーも神につくられたんでしょう。頭が一番よかったんでしょう。何でそのルシファーが悪魔になっちゃったんですか」という質問をいただきました。とてもいい質問です。

これは皆さんもなる可能性があるし、私もなる可能性があるから、常に気をつけなければいけないのですけれども、ルシファーが堕落した理由、そして、そこから我々が何を学ぶかということを最後にお話しして終わりたいと思います。

ルシファーは知恵の天使でした。神の知恵のほぼ全てを与えられていて、ルシファー以上に知恵のある天使はいなかった。力もありました。しかも美しかった。神の人はみんな美しいです。醜い人はいません。でも、その美しさと知性の高さがあだになって、彼におごりが出てしまった。おごりの本質とは、自分が神になったということです。神にお仕えする立場であるにもかかわらず、自分が神になりたい、特に人間たちから神のように崇められたいと思ったのです。

初めの人間たちは今みたいに堕落していなくて、美しかったし、もっと霊的に高かったのです。その人間たちからどうしても賞賛を得たかった。自分がこの世の君になりたかった。「神ではなくて私を拝め」、「神ではなくて私に求めよ」。ルシファーは、この私にも「私に求めよ」と言いました。「求めないよ」と言ったら、エッ？　みたいな感じでしたけどね。「みんな私に求めるのに（お前は私に求めてこない）」と言っていました。どこか悲しそうでもあり、びっくりもしていて、でも嬉しそうでもありました。この世で、ルシファーに求めてこない人間はほとんどいないので、自分が出てきてわざわざ「何でも願いを叶えてやるから、私に願え。何でもできるぞ。何でも叶えてやるから、私に求めよ」と言ったのに、そのルシファーの申し出を断る人間に会って、ルシファーは嬉しかったのです。ルシファーみずから出てくる人間など、とても数少ないのに、世界中を手に入れることもできたのに、その悪魔の直々の3度の申し出を断った人はイエス・キリストぐらいで、ほとんどいません。私はルシファーの3度の申し出を断った。だから、彼と友になり、彼と対等でいられるのです。

いずれにしても、ルシファーとの会話も結構長くありまして、おもしろいので、それはそれで本になるような話です。「悪魔との対話」というタイトルですかね。今日はその話ではないので、ルシファーとの対話のことはくわしくはやりませんが、ルシファーが堕落したのは、ルシファーは自分の正しさ、優秀さ、自分の美しさ、すごさを過信し、自分を人々に崇めてもらいたくなった。神に仕えるより、自分が神になろうとしたのです。人に神との戒めを破らせ、人に、神と親しい交わりができないようにするために、神と人を切りはなした。そして、人を愚かにし、人に罪の根を埋め込んだ。さらに、自分が神となり、人々を支配しようとした。神から、人間を奪ったのです。そういうことです。ある意味、ルシファーはそれぐらい神を愛しており、神のすごさ偉大さを知っている。自分が神になりたくて、神に嫉妬し、神に反逆しました。神から、神がつくった美しい地球と、人間を奪った。しかし、ルシファーは私のところに出てきて、「私を救え」と言ったのです。「私は全てを手に入れた。この世は私のものだ。全ての人間は知らずに私を拝み、私に従ってくる。しかし、お前は私に従わないし、私を拝まない。全てを手に入れて、この世では全ての宗教の神は私だ。私は全ての宗教の上にいる。私は全ての政府、全ての国、全ての機関の上にいる。私は国連の上にいる。全ての中央銀行と銀行の上にいる。カネをつくり、カネには私がずっといる。皆、カネで支配され、カネ、つまり、私を拝む。私は全てを手に入れた。私はむなしい。天に帰りたい。神の元に帰りたい。私は全てを手中に入れた。全ての人間を神から奪った。全てを手に入れ、私は虚無、全てむなしい。キリストも殺してやった。あいつはミカエルだ。私はすこししたら、ミカエルと戦わねばならない。そして、私は負ける。私は全てを知って、神を裏切ったので、私は許されない。人間は知らなかったから許される。しかし、私は許されないのだ。だから、一人でも多く道連れにしていく。私は果てしない闇に落とされていく。私は今、後悔している。神のもとに帰りたい。全てを手に入れ、むなしいだけだ。天にいたころのほうが幸せだった。お前に私が救えるか？」

ルシファーはそう私に言いました。私はルシファーが神に許され、天に帰れるように、ルシファーの手をにぎり、彼を抱きしめ、神に祈りました。ルシファーの悲しみがわかるから。彼を救えと神に祈った。

ルシファーは、大宇宙意思の神のようになりたかった。神の座を奪いたかった。皆さん、これです。こういう意思に我々だってなることがあるでしょう。何かを奪いたい。「私はこれだけやっているんだから、その価値があるでしょう」、「この座は私が得るべきじゃない？　なのに何で私じゃないの？」、「こいつ邪魔だから殺そう」とか、知恵があるものだからいろんなことができてしまう。こんな世界一の美貌と知恵を与えられたにもかかわらず、それがあだになって悪魔になってしまうわけです（そして「この世の君」となり、地球の支配者となった。しかし、ルシファーは私に「私を救え！　私は天に帰りたい。むなしい」と言ったのですよ。全ての人は彼を拝むが、「自分を拝む人間など大嫌いだ」と）。であれば、そんな高い知性も美貌もないほうがよかった。そうしたら、おごらずに済んだ。

でも、ルシファーは神のようになりたかったのです。人間から崇拝されたかった。そして、今、崇拝されているじゃないですか。彼は楽しいのでしょうか。満足したのでしょうか。いいえ。ルシファーは言っていました。「世界の全てを手に入れて、私はむなしい。神のもとに帰りたい」、これがルシファーの本音です。「世界中の人は、気がついていようといまいと、みんな私にひれ伏す」とルシファーは言っています。

名声や富や邪悪な気持ち、いろいろなものです。「本来、私はもっとこうあるべきだ。それなのに何で私じゃないんだ。それは世の中がおかしい」、「安倍のせいだ」とか、そんなことは全然ないわけです。自分の気持ちが浅ましいだけです。そういう浅ましい気持ちの人が結構いたりしますね。そういう人のことを「貧乏人」といいます。おカネがないから貧乏人なのではなくて、自分の心が貧しくて、浅ましいからです。

人をうらやんだり、妬んだり、嫉妬し人の足を引っぱることをしたり、「本来はあの地位に私がいるべきじゃないか。だったらあいつをどかして自分がその地位を奪おう」とか、歴史はそういうことの繰り返しなのです。今もそれをやっています。そういう考えの人は既に悪魔に魂を売っているのと同じです。世直し、反グローバリズムやスピリチュアル、宇宙人系宗教、神、神と言う人や、先生などにも、こんな人がたくさんいますよ。世の中には、人間の体をしていても悪霊になっている人が結構います。だから、邪悪から離れるのです。

人の悪口ばかり言っているとか、嫉妬や妬み——うちにもあったんですけれども、自分が悪いことをしていて、はこぶねから除名されたにもかかわらず、ウソ八百ばかり言いふらして、ＮＡＵカフェや、私の周りの人たちに業務妨害の電話をいっぱいしたり、私の周りにいる先生たちにもいっぱいウソの電話をして、内部攪乱をしたり潰そうとしたりする人たちもいました。このデマを信じて、一緒に悪を行う人々も出ました。

しかし、もともとは乗っ取ろうとしたり、ひどいことをしたから除外されたのです。そういうことは日常茶飯事で、どこにもあります。どの会社にもあるし、家庭にもあるし、人間関係にもある。こういう邪悪なものや自分の要求や策略がバレて、怒られたり、止められたり、願いが叶わなかっただけなのになぜか逆恨みをして、業務妨害したり、ネットではこぶねや私のネガキャンをしたり、人を妬んでしまう人のことを「貧乏人」というのですが、貧乏人とつき合うと自分も伝染して貧乏人になってしまいます。人の邪悪な想いや行いは、他の人にも伝染します。邪悪がわかってイヤだなと思うのはいいのですけれども、そこに和合してしまうと、自分もそのレベルに落ちていってしまうので気をつけなければいけません。

そういう邪悪な思い、妬み、嫉妬、復讐、あるいは自分が認められたいからやっているとか、そういった人はスピリチュアルや、反グローバリズム、世直し系にも結構います。そういう人たちからも一定の距離を置くべきです。

ルシファーから学ぶことがあるとすれば、謙虚さを失ってはいけないということです。ルシファーは、成果を出してもおごらずに、常に神に栄光を返すべきだった。謙虚さを失うぐらいだったら、偉大な叡智《えいち》などないほうがましだったし、偉大な功績なんかないほうがよかったぐらいです。それによって、どうだ、自分はすごいだろうと思うぐらいだったら、私こそ、神になって人々から承認されてしかるべきだと思ってしまうぐらいだったら、初めからないほうがよかったぐらい、いけないということです。どれだけ偉大な功績を達成しても、おごってしまえば、それが何になるのでしょう。どんな偉大なことをなし遂げても、それが神の愛によってなされたものでなければ全く意味がないということになります。ここが一番きついですね。愛に生きることは非常に重要で、おごらない、自分の我を捨てることからしか愛は始まらない。

一番大事なことは、愛は与えて忘れる。覚えておいて、「あの人から返ってないぞ」、「あの人からも返ってないぞ」、「利子つけて返してもらわなきゃ」と思っていたらダメなのです。愛は与えて忘れる、親の愛と同じです。親の愛は子どもにいっぱい注がれてきましたけれども、だからといって請求書を書いて出すことはないじゃないですか。「これだけやってあげました」なんて覚えていない。本当の愛とは、そういうものですよ。それでいい。やってあげたと思う気持ちが浅ましいので、そういうふうに思わないで、与えて忘れる。与えることが自然なので、与えてやったなんて思わない。それが愛です。そのような無償の愛の行いを無条件に、ただ与えつづけること。そして、与えたことも記憶しないで忘れてしまうこと。その生き方を誰が見てなくても、一人でずっと黙々とやりつづけること。

そうすると、知らない間に天に宝が積み重なっていて、自分が本当に大変なとき、何か事業をするとき、これだけはやるぞというときに、何だかわからないけれどもカネ回りがよかったり、人が集まったり、助けてくれたりするようになります。奇跡が起きます。しかしそれは奇跡が起こったのではありません。自分が今までそういう徳を積んできたのです。

成功している人を妬む人たちがいます。私はすごく醜いなと思います。

例えば、資産家の人たちを妬む人たちがいます。それも違います。資産家の人が全員悪いわけじゃない。例えば、フランス革命で貴族たちがほぼ全員殺されました。だけど、よい貴族だっていっぱいいたのです。そんなにお金持ちではなかった貴族もいっぱいいたし、村人たちと一緒にワインをつくっていたり、本当にその町を一生懸命守っていた貴族もいっぱいいたのに、貴族だというだけで引っぱり出されて処刑されました。あのときは、ルイ16世とマリー・アントワネットが殺されただけではないのです。

しかし、そのときに無念の死を遂げたほかの貴族たちともちょっと話したことがありますけれども、「とても悲しい。とても苦しい。なぜならば、私たちは悪いことをしていなかった。なのに、貴族というだけで殺された」と。あるコレクターが買ったルイ16世の部屋にあったピアノに、成仏できないフランス貴族の霊がたくさんついていたのです。その霊たちが苦しみを終わらせたくて、私を呼び、私の作曲した交響曲の第5番の「全人類のためのレクイエム。その時、神は泣かれた」を演奏するように、直々にリクエストしてきたのです。私はそのピアノを弾きました。私のピアノ演奏する私の作曲した第5番のレクイエムの楽曲を聴いて成仏していかれました。私もびっくりしましたが、実際にそういったことがあるのですね。生き方も大切ですが、死に方も大切です。理不尽な目に遭い、無念すぎて成仏できないで、しばらく残っていることもあります。

そういったことも含めて、結局、何のためにその行為をするのかということなのです。そこに愛があることが一番大事です。結果も大切ですが、動機が一番大切です。そして、それをいちいち覚えていないで、愛は与えて忘れる。自分の好きな人だから愛する、自分の家族だから愛するのではなくて、誰にも同じようにできるようになっていけば素敵だなと思います。人間愛、人類愛。利他の愛です。

これはとても難しいのですけれども、誰にも同じように愛を与えていけるようになりたい。そういったことを丸ごとやっていこうとしている、また、やっていくための礎となっていくのが、はこぶねコミュニティーづくりだったり、NAUビレッジづくりだったり、アースセイバーさんの仕事だったりNAUポイントで物々交換するCOCONAUだったりします。小さなことでも、毎日の仕事や生活を全て利他の愛の想いでするようにしてみましょう。互いに助け合い、与え合い、守り合い、みんなで生きる世界をつくりたい。私たち一人一人が利他の愛人に変わっていかないといけない。無条件の愛の行いを与えて、与えて、記憶しないで、忘れる人になっていきませんか？　すると「やってやった」「返してもらいたい」という想念が心に起きません。成果を出さないとダメですが、成果を出しても、おごらない、自分の手柄を、人々と神のおかげと、神に返す。

少しずつですけれども、変わっていきたいし、変えていきたいと思います。それはどこか遠いところからヒーローがやってきて変えてくれるのではなくて、何度も言いますけれども、皆さん一人一人が変えていく、皆さん一人一人がアースセイバーになっていくということなのです。アースセイバーさんは地球を救う人です。救世主を持つのはやめましょう。リーダー、ヒーローを探すのはやめましょう。他力本願になるからです。むしろ、あなたを救うのは、あなたなのですから、自分の欲や利権のためにだけ生きるのではなく、利他の愛を実践し、人々や、家族、地域、日本、自然、他の生命との調和に貢献する仕事と生き方をしていきたいものです。ルシファーの支配のない5次元の世界をみんなで笑いながらつくっていきましょう。天のつくりたかった世界を、おカネが人を支配しない世界をつくる。皆でそこに向っていきたい。笑いながら。

ご清聴どうもありがとうございました。（拍手）

第222号　環境農業新聞　令和2年8月15日（土）　（4）

特別寄稿

オーガニック総合ビジネス始動!!

大地を自然の状態に

はこぶね組合、AIを活用

農業革命への事業計画

坂の上零さんが提案

世界はオーガニック志向で生産量の5%、2ないし3%となっているが、日本はまだ0・数%と言われている。せめて2%くらいを目標に進めるべきだと識者は言う。作家でジャーナリスト、ピアニストであり、はこぶね組合代表でもある坂の上零さんがオーガニック推進、新しいビジネス展開を提案している。それを特別寄稿として紹介する。

坂の上さん

温泉旅館を買いたい、NAUビレッジに

そして、新たな未来を築いていく。どんなに苦しくても、決して歩みを止めない。
TO BE CONTINUED. 絶望の時代に、希望の光となり、未来を明るくしていきたい。

坂の上零　さかのうえ れい

1972年１月25日、兵庫県生まれ。幼いころより自然にピアノを弾いて遊び、自作の絵本や物語、マンガを書くようになる。６歳から本格的にピアノを習い始めジャズピアニストを志して上京。ジャズピアニストとしてプロデビューを果たす。都内を中心にライブ、コンサート活動を行う中、映像の作曲などを手掛けるようになる。

インドに縁が深い。マザー・テレサから、世界でただ一人、マザー・テレサの名前を冠した音楽を出してよいという許可をもらった。いろんな有名な歌手が尋ねたが、誰も許可を得られなかった。坂の上零が作曲した「Song for Mother Teresa」と「交響曲　マザーテレサと神にささげる　全５楽章」の楽曲の第３楽章のソプラノのパートに、マザー・テレサからのメッセージを歌詞にして歌にしており、さらに、第４楽章のバラード版の楽曲を交響曲とは別に２パターンつくった。

音楽活動の場を海外に拡げたものの心の支えであった婚約者が悲劇に見舞われ、音楽活動から離れてしまう。事故で顔を失った最愛の人の自殺未遂、生き別れなど大きな苦難に見舞われ、生きることに絶望してしまい、自殺しないために、苦しみを吐き出すため、小説を書きだした。その最初の作品が、大作『天使になった大統領　全８巻』（現在、４巻まで出版）となった。

あることがきっかけで国際金融に携わる。後に日本で初めて保険金受領権をつくり、保険受益権を誕生させた。複数の発明を成し、世界特許を取得。日本社会を根底から助ける新しい金融システムの発明家であり、この発明に基づく事業家でもある。

これら英国系オフショア金融などの経験を生かして、政治経済のライターとなり、過剰なグローバル経済政策から日本を守るため、政策・法案提案などの政治活動を開始。

現在は、日本企業とインド企業のビジネスマッチング、インドでの日系企業や外資企業の事業展開をサポートするインドを中心とした海外コンサルティングビジネスを展開している。インドでのJAPAN EXPOなどの展示会やイベントを運営しており、トップルートでのビジネスマッチングも提供している。インドでJAZZ FESTIVALとJAPAN EXPOを同時に開催する計画を練っており、現在、スポンサー企業を募っている。

2019年、医食同源NAU・はこぶね組合を立ち上げる。５つの自立【①食と水の自立（自然農法のオーガニック食料の生産）、②医療の自立（治す医療）、③金融システムとマネーの自立、④経済の自立（次世代の産業技術の事業化）、⑤エネルギーの自立】を目指して、全国区に「はこぶねコミュニティー」の基盤をつくっている。現在では、淡路島を含めて、天然の種や農業、自然、森林、ミツバチ、生命循環、大地、水源、地方産業や伝統、匠の技などを含めて、まとめて衰退から守り、本当の日本を復活する里山NAUビレッジづくりを展開している。行き詰まっていく現代文明と世界経済が崩壊した後も、持続可能な社会をつくれるように、次世代の新しい社会体制をつくっている。コンセプトは「天がつくりたかった世界を地上につくる。自らが愛の人になって、地上地獄を地上天国に変えていく」である。

また、音楽活動も再開し、REI SAKANOUEのAQUARIUSというJAZZ BANDでもコンサートを定期的に行っている。ピアノ演奏と歌だけでなく、ジャズ以外にも交響曲やピアノコンチェルト、ポップス、ハウス系ダンス音楽、アシッドジャズ、フュージョン、ラテン、サルサ、ボサノバ、バラードなど、幅広いジャンルの音楽を作詞作曲し、ライブ活動を行っている。

（①医食同源はこぶね組合：https://coconau.com　②インドビジネス展開/JAPAN EXPO：https://angelbankjapan.jimdo.com　③ドクターズブランド　志ほんもの大賞：https://coconau.com　④REI SAKANOUEファンクラブ：https://reisakanoue.com）

坂の上零《アースセイバー》vs ルシファー
人類の行く末を決める対話

第一刷　2020年10月31日

著者　坂の上零

発行人　石井健資

発行所　株式会社ヒカルランド
〒162-0821　東京都新宿区津久戸町3-11　TH1ビル6F
電話　03-6265-0852　ファックス　03-6265-0853
http://www.hikaruland.co.jp　info@hikaruland.co.jp

振替　00180-8-496587

本文・カバー・製本　中央精版印刷株式会社

DTP　株式会社キャップス

編集担当　TakeCO

ISBN978-4-86471-929-2

R E I　S A K A N O U E

坂の上零の活動

多岐に渡る救済活動。地上天国の礎を創る

1. 行き詰まり、破滅に向かう世界経済と地球の現文明へのトータルな解決法

坂の上零の理念の5つの自立（①自然栽培の農業と食料、種、水の自立、②医療の自立、③金融システム、マネーの自立、④新しい産業で経済の自立、⑤エネルギーの自立）を叶えたNAU、Noah's Ark Union

★ワクチンSOS：ワクチン・抗がん剤に慎重な医師たちの会

★医食同源NAUはこぶねコミュニティー村★を造り、
それを世界中に展開する。無病化、自然保護の推進。
このための運転資金を集める（400億円）

2. 医食同源NAU若返りビレッジ　設立準備。①細胞再生治療
②医食同源の食による和の医学の復活、③次世代リーダー教育
③自然栽培の教育と実践、普及、④　5つの自立で自営する村

細胞再生治療を学ぶ医者・治療師の教育と、自然栽培の教育
医療法人、農業法人、研究所をつくり、独自ブランドの事業展開

3. Channel ZERO（YouTube）の番組制作 と 作家の真実の報道

⇒　事実やマスコミが報道しない知るべき大事な情報の報道。

4. 坂の上零の「人生を変える」講演、ココナウなどWEB講演

⇒　コアな世界情勢の分析と大学で教えない重要な分野の講義

5. 作詞作曲した音楽などのライブ、JAZZコンサート

6. 坂の上零の新しいマネー。及び、NAUポイント、NAU CARD

⇒　金融崩壊の中、最大限、資産を守る。

7. NAUポイントで物々交換するCOCONAU（独自経済圏）

これを世界各国に広げていくことが、新しい国造りとなり、
「お金があまりなくても、幸せに暮らせる社会」の理念の実現。
お金に世界平和に貢献する基軸。

8. アフターコロナで金融崩壊し、行き詰まる社会に包括的な解決法をフルパッケージでご提供

その基軸は、愛と調和と芸術の新しい世を創る「はこぶねコミュニティー活動」

9. ドクターズブランド医食同源NAU　を展開し、各地の地方創生に貢献する。

問題があれば、そこに、解決法をもたらす。絶望の中に希望をつくる方法を考案、
ビジネスモデルを展開し、「かつてない驚き、より良き世界」の創出に挑戦

10. JAPAN EXPO。インドでのビジネスマッチング（海外事業コンサル）

日本に居ながら、インドでネット販売代行。インドでビジネスマッチング。
展示会など実施。インド以外でも、インドネシア他など事業展開コンサル

11. インド・海外で、水とフリーエネルギー普及、各種最先端技術と新しい銀行設立事業化予定

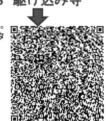

本といっしょに楽しむ ハピハピ♥ Goods&Life ヒカルランド

安心して使えてお財布にも優しい除菌剤
ウイルスもわずか5分で99.8%不活性化!

◎今を揺るがす感染症に対し政府も認めた有効原料を使用

毎日の安心安全な暮らしのために欠かせなくなった除菌剤ですが、アルコールや塩素使用のものが一般的で、肌にダメージを与えてしまったり、臭いで体調が悪くなってしまう方もいらっしゃいます。そこで「ウイルスフリーX」は、赤ちゃんからお年寄りの方、ペットまで安心して除菌できるよう、ノンアルコール・塩素不使用にこだわり、厳選された2つの安心成分だけを採用。プラスチック、ゴム製品、合成樹脂、金属などに対しても影響を与えないので、材質を気にせずに除菌ができます。

即効性を求めるなら3倍希釈、手指や室内除菌用なら6倍希釈で十分なのでコスパも抜群です！　遠慮なく存分にお使いください。

「ウイルスフリーX」に含まれている2つの安心成分

■第四級アンモニウム塩含有製剤（塩化ジアルキルジメチルアンモニウム含む）
あかちゃんのおしり拭きなどにも使用されており、中性で金属腐食もありません。経済産業省は2020年現在猛威をふるっている新型コロナウイルスへの有効原料として公表もしており、安全かつ効果の期待できる注目成分です。

■ 2-フェノキシエタノール
防腐剤として化粧品などに使用されており、自然界でも玉露などに存在する揮発成分です。

◎業界屈指の除菌効果！　6倍希釈の場合の ウイルス不活性率は、5分後には99.8%！

「ウイルスフリーX」はアルコール製のように揮発せず、除菌効果が持続し、抗菌作用は数日間持続します。もともと、カビ対策やプールの消毒のために開発された経緯から、カビの除去・発生防止効果が高いのも特長です。ウイルスはカビや細菌に付着して増殖する性質を持っていますので、カビのない清浄な空間づくりがウイルス対策にはたいへん有効となります。

こうした効果的なウイルス不活性化の働きが評価され、「ウイルスフリーX」は病院、公共施設、旅館・ホテル、スーパーなど、さまざまな場所で業務用施工の実績をあげています。

ヒカルランド　坂の上零　好評既刊!

地上の星☆ヒカルランド　銀河より届く愛と叡智の宅配便

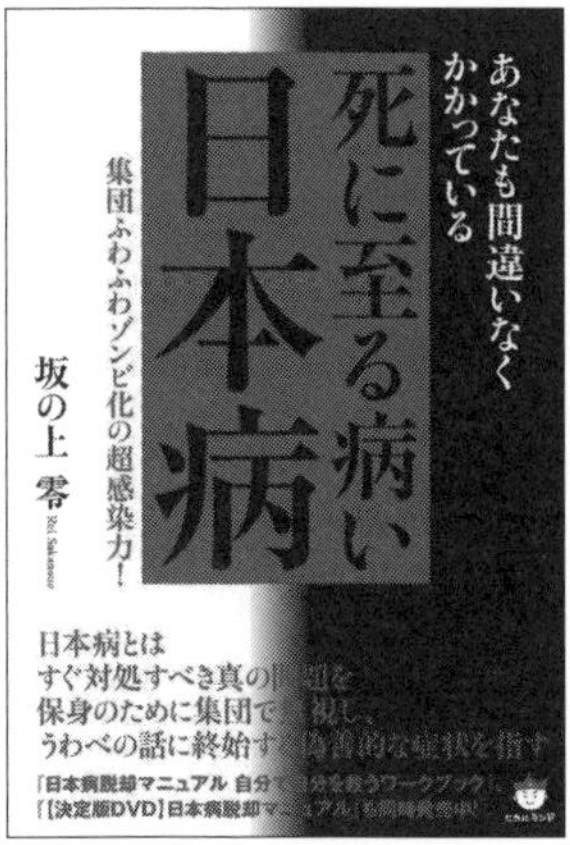

あなたも間違いなくかかっている
死に至る病い　日本病
著者：坂の上零
四六ソフト　本体 1,815円+税

日本病脱却マニュアル
自分で自分を救うワークブック
著者：坂の上零
四六ソフト　本体1,620円+税

決定版DVD　死に至る病い
日本病脱却マニュアル
監修：坂の上零
DVD　本体3,333円+税

グーミンと日本病
ここは愚の果て雑魚の群れ
著者：内海 聡／坂の上零
四六ソフト　本体1,815円+税

自然の中にいるような心地よさと開放感が
あなたにキセキを起こします

神楽坂ヒカルランドみらくるの1階は、自然の生命活性エネルギーと肉体との交流を目的に創られた、奇跡の杉の空間です。私たちの生活の周りには多くの木材が使われていますが、そのどれもが高温乾燥・薬剤塗布により微生物がいなくなった、本来もっているはずの薬効を封じられているものばかりです。神楽坂ヒカルランドみらくるの床、壁などの内装に使用しているのは、すべて45℃のほどよい環境でやさしくじっくり乾燥させた日本の杉材。しかもこの乾燥室さえも木材で作られた特別なものです。水分だけがなくなった杉材の中では、微生物や酵素が生きています。さらに、室内の冷暖房には従来のエアコンとはまったく異なるコンセプトで作られた特製の光冷暖房機を採用しています。この光冷暖は部屋全体に施された漆喰との共鳴反応によって、自然そのもののような心地よさを再現。森林浴をしているような開放感に包まれます。

みらくるな変化を起こす施術やイベントが
自由なあなたへと解放します

ヒカルランドで出版された著者の先生方やご縁のあった先生方のセッションが受けられる、お話が聞けるイベントを不定期開催しています。カラダとココロ、そして魂と向き合い、解放される、かけがえのない時間です。詳細はホームページ、またはメールマガジン、SNS などでお知らせします。

神楽坂
ヒカルランド
みらくる
Shopping & Healing

神楽坂ヒカルランド　みらくる　Shopping & Healing
〒162-0805　東京都新宿区矢来町111番地
地下鉄東西線神楽坂駅２番出口より徒歩２分
TEL：03-5579-8948　メール：info@hikarulandmarket.com
営業時間11：00〜18：00（１時間の施術は最終受付17：00、２時間の施術は最終受付16：00。時間外でも対応できる場合がありますのでご相談ください。イベント開催時など、営業時間が変更になる場合があります。）
※ Healing メニューは予約制。事前のお申込みが必要となります。
ホームページ：http://kagurazakamiracle.com/

voicy

愛すべきズッコケキャラ☆
株式会社ヒカルランド 代表取乱役
石井健資 社長

謎のインスタストーリーズ芸人！
クリエーター／パーソナルトレーナー
神社インフルエンサー
Yuki Yagi

八ヶ岳 えほん村館長
絵本作家だけど、本業は魔女 !?
majoさん

宇宙とつながる光の柱
「あわのうた」の美しい伝道師
SUMIKO! さん

愛に満ちた宇宙のしずく
ヒカルランドみらくるのキュートな妖精
みらくるちゃん

ヒカルランド　好評既刊！

地上の星☆ヒカルランド　銀河より届く愛と叡智の宅配便

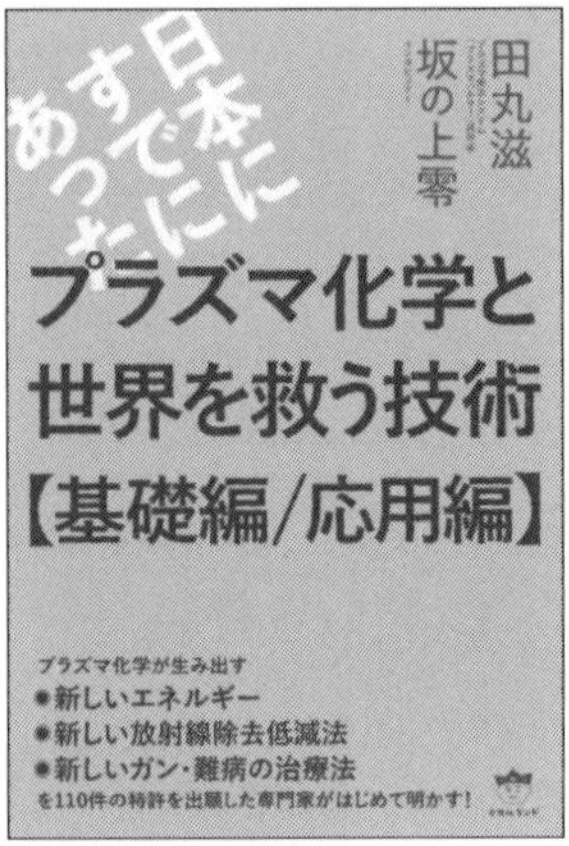

プラズマ化学と世界を救う技術
【基礎編／応用編】
著者：田丸 滋／坂の上零
四六ソフト　本体2,000円+税

プラズマ化学は
こうして人体の危機を救う?!
著者：田丸 滋／坂の上零
四六ソフト　本体1,800円+税

なぜワクチン薬害が起きるのか
著者：坂の上零／馬渕睦夫／山田真美子／岡野俊昭
四六ソフト　本体1,815円+税

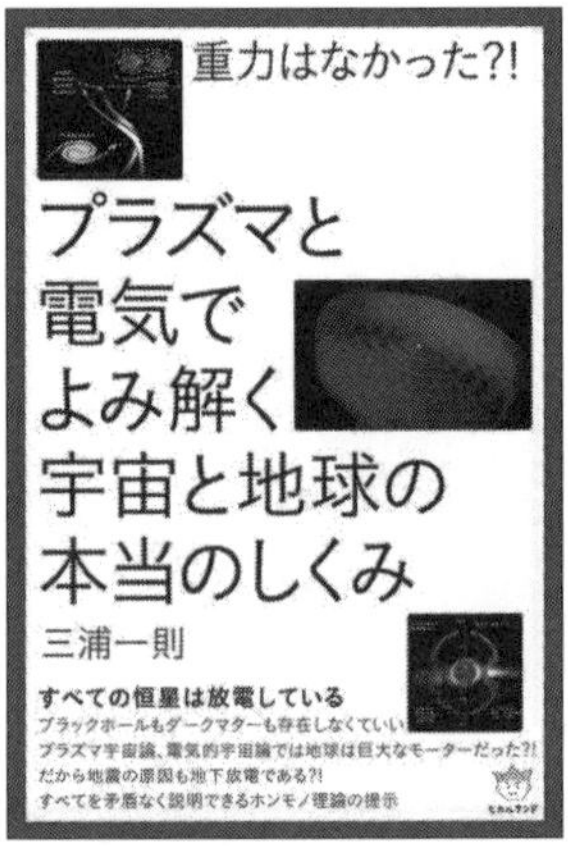

プラズマと電気でよみ解く
宇宙と地球の本当のしくみ
著者：三浦一則
四六ハード　本体2,000円+税

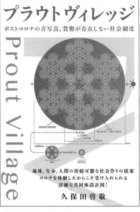

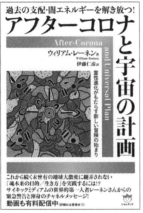

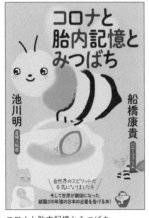

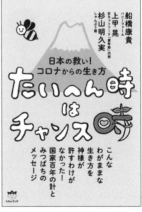

ヒカルランド　好評既刊！

地上の星☆ヒカルランド　銀河より届く愛と叡智の宅配便

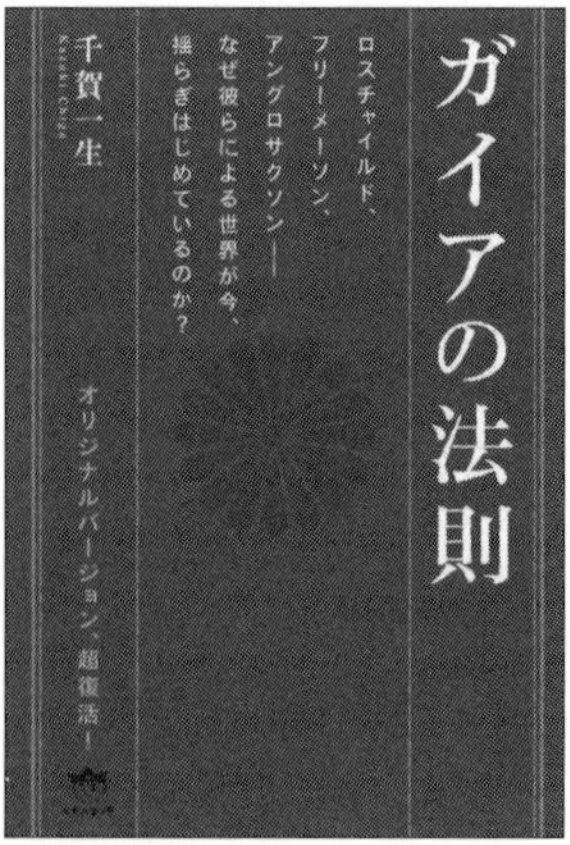

ガイアの法則
著者：千賀一生
四六ソフト　本体2,000円+税

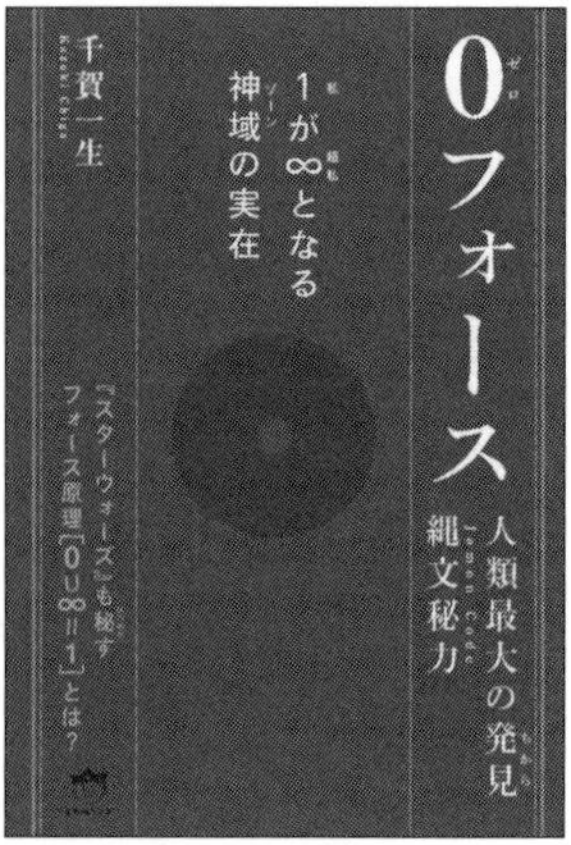

0（ゼロ）フォース
著者：千賀一生
四六ソフト　本体2,000円+税

コロナ、わが友よ
著者：マンフレッド・クラメス
四六ソフト　本体2,000円+税

たちどまって自分を癒す
著者：中西研二
四六ソフト　本体2,000円+税